Verónica Gerber Bicecci

MUDANÇA

Verónica Gerber Bicecci

tradução: Mariana Teixeira

NOMADISMOS

CiRcuiTo

Coleção Nomadismos, de ensaio e pensamento mexicano,
dirigida por Teresa Arijón, Bárbara Belloc e Renato Rezende.

Esta publicación fue realizada con el estímulo del Programa de
Apoyo a la Traducción (PROTRAD) dependiente de instituciones
culturales mexicanas.

Esta publicação foi realizada com o patrocínio do Programa de Apoyo
a la Traducción (PROTRAD) dependente de instituições
culturais mexicanas.

Revisão
Renato Rezende e Ingrid Vieira

Projeto Gráfico
Carolina Sulocki

Gerber Bicecci, Verónica

Mudança / Verónica Gerber Bicecci; seleção Teresa Arijón,
Bárbara Belloc, Renato Rezende; tradução Mariana Teixeira
1ª ed. - Rio de Janeiro: Editora Circuito, 2017

ISBN 978-85-9582-006-7

1. Ficção mexicana 2. Ensaio contemporâneo - história e crítica

[2017]
Editora Circuito - www.editoracircuito.com.br

Diagrama de Gerber

"Artista visual que escreve"; assim se define Verónica Gerber Bicecci, e a crítica especializada reforça a fórmula quando diz que "suas peças atuam como textos"– destaquemos "atuam".

Acontece que Gerber publica livros feitos com palavras (este mesmo, *Mudanças*, e *Conjunto vazio*, sua obra-prima no terreno do romance), participou de uma antologia de literatura erótica, foi colaboradora de revistas literárias, é coeditora da cooperativa Tumbona Edições, obteve um prêmio de narrativa (o Aura Estrada, em 2013), e "em outros suportes", por exemplo, muros e paredes, se vale do lápis, do grafite, e do acrílico para escrever "murais efêmeros"; se vale do espaço-tempo, do áudio e das fichas bibliográficas para suas performances; pinta nomes em braile nas paredes da movimentada Cidade do

México; e no papel, com técnicas mistas, realiza "traduções visuais" da escrita de outros artistas (como José Clemente Orozco, Julio Cortázar, Mathias Goeritz, Luis Villoro e T.S. Eliot, entre outros).

Não é banal que a figura geométrica onipresente em suas composições textuais-espaciais seja o círculo. Círculo sobre círculo sobre outro círculo, nunca concêntricos nem do mesmo tamanho; ou reta que vai de um ponto a outro, e daí a outro, e daí outra reta que se interrompe (ou se chama silêncio?) em um ponto, que nunca é final, mais é a parte, porque no diagrama de retas Verónica imprime a lógica do círculo, e por trás da trama, porque no plano Verónica sempre põe em jogo a perspectiva, dir-se-ia metafísica, um grande círculo vigia.

Ler, escrever, traduzir, desenhar, pintar, loopear, caminhar em torno de: uma coisa leva à outra. *Mutatis mutandi*, no papel, colagem, parede pintada a cal, fotografias, e-mail, em vertical, na horizontal, em 3D. Revisitando o passado pessoal, as cores, os tons e entonações do afeto e da emoção, reinterpretando o presente em tomadas descartadas de um hipotético documentário e em colaboração com artistas afins de todas as épocas (aos que se entrega, mais que se apropria deles). *Mutatis mutandi*, poderia se pensar que VGB busca experimentar, círculo por círculo, o espiral do tempo.

O truque ótico, diagnosticado já nas primeiras páginas de *Mudanças*, é a ambliopia. Ambliopia é a síndrome da visão que sofre algumas crianças de "olho preguiçoso" (olho preguiçoso é o nome vulgar da condição), pelo qual um olho capta fielmente a imagem e o outro nem tanto, ou diretamente vê outra imagem, outra coisa. Em sua infância, conta no livro, Verónica padeceu de tal síndrome. Mas agora o torna sintoma. O torna escrita. O truque ótico se projeta na página. O olho preguiçoso que lê? Por acaso escreve sobre o lido, o projeta?

Trata-se de uma mudança. *Mutatis mutandi*, Ulises Carrión, Cesare Lombroso, Leonardo Da Vinci, Vicente Huidobro, Lewis Carroll, Vito Acconci e uma assombrosa trupe de gigantes diagramam um livro sobre ler, escrever com tinta, escrever com o corpo, com a memória, ler a contrapelo, mandar telegramas, pictogramas como grafites, expulsar poemas, vagar por páginas, histórias dentro de histórias, mitos urbanos. Nada da experiência humana nos é alheio. Verónica Gerber já nos prendeu com seu laço e entramos no seu círculo: esta é a mudança.

Bárbara Belloc

Buenos Aires, 22 de agosto de 2017

A minha mãe, porque regressou a salvo da Groenlândia.

A Javier Athos, por seu inesquecível catarro escorrido.

Este livro foi escrito com a bolsa da Fundação para as Letras Mexicanas sob a tutela de Jorge F. Hernándes.

Meu profundo agradecimento a meus leitores:

Guilhermo Espinosa Estrada e Pablo Duarte.

AMBLIOPIA

Leia o que vê. Mas tinha que esperar que se dispersassem as nuvens e não havia tempo. *Uma por uma.* As letras estavam fixas e só via manchas flutuando entre o quadro e minha cadeira, não deixavam de se mover. *Primeiro tem um E.* A letra é grande, as manchas não conseguem tapá-la totalmente. *Abaixo é F e creio que P. T- mancha-Z. L-mancha-mancha, talvez E e em seguida mancha.* O oftalmologista movia as lentes, ia e vinha de uma a outra. Tudo parecia igual. Pior, o que lembrava ser um P agora era um borrão e as letras tapadas sob a mancha sobressaíram como uma letra cursiva e transparente que demorava muito para tomar forma. Pensei que se esperasse suficientemente conseguiria estabilizá-las, separá-las, fazer um exercício de dedução, mentir, mas não funcionou. Minha mãe me olhava do outro lado do consultório, sentada em uma pequena cadeira, com cara de preocupação. Ao que parece a situação poderia ser qualificada como desgraça familiar.

Sempre tive a impressão que o oculista era um farsante: por mais que mudasse as lentes e usasse estranhas ferramentas, meu olho parecia imutável. *Vê melhor com este ou... Com este.* Nada. *Vejamos... Aqui ou...Aqui.* A variação era mínima. *Acho que é melhor o segundo.* Na realidade, me pareciam idênticos. Só havia manchas se movendo tão devagar como uma mistura de cimento a ponto de endurecer. Meu olho direito seguia um caminho errante e indecifrável, como se não fosse meu, como se não fosse eu quem o controlava. Mais que uma lente para corrigir, necessitava de um ventilador que levasse as borrantes nuvens. O que via era tão instável, tão desigual, que acabou por me assustar. Não tinha ideia de que havia um estranho alojado na minha córnea. Nasci com um só olho e o havia ignorado por completo. Como saber o que é ver bem se sempre vi igual, se não há referente algum, nem ponto de comparação. Nesta visita ao consultório descobri que ao tapar meu olho esquerdo podia ver como através de um calidoscópio, mas obstruído e monocromático, defeituoso.

Finalmente, o doutor diagnosticou ambliopia: a síndrome do olho frouxo. Ainda que não houvesse mostrado déficit de atenção, nem meu desempenho escolar tivesse piorado, minha mãe se deu conta de que, cada vez mais concentrava o olhar, cada vez mais o esforço visual era importante, um de meus olhos olhava exatamente para o lado contrário, fazia o que lhe dava vontade. Era torto, ainda que não de forma constante: meu olho passeava repentinamente e nunca me levava com ele. Um indivíduo à parte, um desconhecido. Um olho vagabundo que ficou em algum ponto antes de alcançar a maturidade visual; isto é, tenho um olho que olha como uma criança de dois a sete anos. Completei nove pouco antes da primeira consulta e nessa idade não tem muito que se fazer, pois o sentido da visão se fixa por completo. O único caminho teria sido forçar o olho vagante para não cansar o outro que havia assumido a responsabilidade – que devia ser compartilhada – de ver pelos dois.

Quando a imagem que produz cada olho não se reflete no mesmo eixo, isto é, quando essas duas imagens não coincidem no vértice visual ou não se encontram, é produzida uma visão dupla. Antes de me mostrarem esse mecanismo irreal que torna possível uma imagem, meu cérebro decidiu ignorar um dos meus olhos, deixou o domínio da minha visão no esquerdo. O direito ficou à sua sorte, com absoluta liberdade de fazer qualquer coisa e, sem obrigação nenhuma, se perdeu em um grave autismo. A ambliopia é a lei do gelo.

O amblíope é monocular. O olho não sofre lesões orgânicas, por isso o padecimento é quase invisível, indetectável. O olho bom terminará por se cansar e deixar de ver. Se não tratada, a vista do amblíope está destinada a deteriorar-se ou a uma pausa indefinida pela intervenção de óculos. Ainda que a metáfora de olhar com um lado como faria uma criança me alegra, atrás dela se esconde um pânico, suponho que esse era também o susto da minha mãe: o único tratamento real para a ambliopia é usar um tapa-olho na primeira infância que obrigue o olho preguiçoso a ver. Não há cirurgias. Não há medicamentos. Uso lentes não porque me ajudam a ver melhor, mas porque o aumento obriga o olho preguiçoso a se esforçar e alivia a dupla carga no esquerdo. Uso lentes para defender meu olho dominante do contágio do ócio, para deter o desgaste e a possível cegueira. É paradoxal que a melhora, caso houvesse, é diretamente proporcional ao aumento de dioptrias, pois quereria dizer que meu olho frouxo está disposto a trabalhar um pouco mais. Há dezessete anos tenho usado a mesma receita.

Faz pouco li que muitos amblíopes, ao tratar de explicar como veem, dizem que o olho vê como através do efeito que produz a ondulação prolongada do ar quente, as imagens se focam e se tornam difusas de modo contínuo: a ilusão do deserto, que desaparece ao nos aproximarmos; caminho que ondula no vapor evaporado, paisagem que treme entre a fumaça de uma combustão.

Se não os tivesse usado talvez nunca teria sido atacada pela estranha imitação de alguns balões de futebol sobre o meu rosto, não haveria sofrido os intermináveis qualificativos que estão associados ao uso do dito aditamento. Havia perdido completamente a visão do lado direito, reduzindo meu campo visual de 180 a 90 graus. Mas, sem óculos, talvez pudesse seguir a esse intruso errante aos confins do desconhecido e, sem planejar, fazer-lhe escolta em seu perambular oscilatório. Não esse perambular pausado quase estático que os errantes que utilizam toda a sua roupa, suéter sobre suéter, calça sobre calça e casa às costas, colocadas em sacolas de plástico e caixas de papelão para se mover apenas uns metros mês por mês; mas sim o dos pedestres perpétuos, esses que esperam um encontro às três com uma pequena maleta entre as mãos e falam aos ventos seriamente, sem deixar dúvidas que o assunto é importante. Esses que são perseguidos inexplicavelmente e que, como poucos, se dirigem seguros ao seu destino ainda que não consigam chegar a nenhuma parte. Esses que caminham em meio a nuvens, que vão e vêm daqui a um lugar distante imaginado, os que focam e desfocam. Os que caminham e se perdem. Os que nunca são atropelados. Os que têm essa estranha facilidade para habitar um espaço que não podemos ver nem entender. Os que conseguiram escapar. Os que foram abandonados. Os que veem na forma de um edifício, um dragão, os que recolhem pedras do chão como se fossem tesouros. Os que desviam o olhar.

 Quantas vezes por dia consideramos deixar tudo para seguir o trajeto de um disparate; como encontrar essa infame molécula em nosso fluxo sanguíneo e fazê-la estourar. Quantas vezes por dia o mundo tentou desistir de nós. Não são essas situações que acontecem só em livros? Escrever é habitar um paralelo, ler é rodeá-lo. Quantas vezes relemos um texto em busca do escape. Mais da metade do que lemos é um embuste e ainda que saibamos disso, acreditamos. Pensamos que um fato real o inspirou. Mas é sempre uma mentira. Um engano como o encontro do errante às três. Um enredo como as ordens que recebe de quem sabe onde. Lentes de aumento. Falsificações que conectam assombrosamente uma série de ocorrências. Ações invejavelmente completas que nunca sucedem aqui.

Nunca me abandonei à contemplação com meu olho amblíope. Nunca, como os errantes, pude seguir os signos abstratos deste olhar intermitente e seu alfabeto deformado. Nunca aceitei que o mundo desistisse de mim, nem desisti dele. Talvez por covardia. Talvez porque não se trata de uma decisão. Talvez porque um dia te descubras fora sem forma de voltar e nem sequer lembra que havia um lugar para onde regressar. Em troca, busquei personagens com destinos amblíopes, aqueles que, em uma demência consciente, decidem renunciar, abandonar-se à contingência para pôr sua vida, corpo e trabalho no mesmo espaço de indeterminação. Errantes que sussurram histórias ridículas a partir de um lugar aparentemente inexistente, mas que voltam para casa se lamentando porque é impossível alcançar a deriva permanente e voltar para contar algo dela: o que regressa nunca chegou, nunca esteve ali de todo. Os errantes se detêm justo antes de borrar-se, justo antes de perder-se.

Já não basta ver, a retina é apenas uma peneira. O sucesso estético está em outra parte, o artista coloca um cartaz em frente à sua casa escrito "Aluga-se, tratar diretamente". E nesse translado, todavia há objetos que não encontram seu lugar, móveis que viram estorvo, caixas repletas de coisas com as quais nunca se sabe o que fazer, buracos repletos de documentos que ninguém quer revisar, presentes embalados que não podem ser jogados no lixo.

Não é a palavra o que pesa na imagem, mas o conceito, quem em ocasiões a eclipsa; porque muitas vezes o conceito é somente uma frase argumentativa que não se sustenta. A busca da página em branco não é outra coisa que uma guerra contra o império da linguagem, uma contenda para comunicar sem tem que usar uma só palavra, para que o conceito deixe de ser uma justificativa. Mas a linguagem é ineludível. Desconfiamos das pessoas e nos custa duvidar das palavras. Não suspeitamos das palavras, mas das versões de um fato que se elevam sem se corresponder. Não tememos as palavras, mas como se colocam nos enunciados, do que poderiam estar dizendo na realidade. Não desconfiamos do silêncio, mas sim da ambiguidade que implica.

Os ensaios deste livro são a constatação de uma mensagem que não chega, de uma palavra que já não se escuta, que não pode se ler. Este livro é, sobretudo, a confirmação de uma impossibilidade. O campo estendido para uma literatura sem palavras, uma literatura de ações; a documentação dessa tentativa, talvez falida. A crônica de uma mudança. Do texto a ação. Da página ao corpo, da palavra ao espaço, ao lugar; da frase ao sucedido; da novela a vida encenada. Há uma parte que se deforma sem querer e uma parte que procuramos deformar quando contamos algo. Desconheço os caminhos do meu olho direito, pois para funcionar no mundo, usei toda minha vida o esquerdo. Tal é minha inconsciência que devo ter perdido por volta de quinze pares de óculos em toda minha vida. Sendo tão pequeno, ninguém pode cuidar de um objeto com o qual não tem relação de necessidade. Foi fácil esquecer repetidamente os óculos, pois em certo sentido não necessito deles. A única razão que me obriga a usá-los é uma monstruosa dor de cabeça que aparece de vez em quando atrás desse olho preso em divagações imperceptíveis. Invejo os errantes porque todo seu corpo se adapta a eventualidade, porque as coisas que pensam vem de um lugar que está muito longe ou que eles mesmos fabricam, suspeitamente. Invejo os errantes porque vão por aí com a única responsabilidade de perambular, porque a ociosidade não lhes pesa, porque sua mudança é constante, porque nunca permanecem, porque andam pelo mundo conectando imagens e histórias invisíveis para a maioria, relatos que poucos conseguiriam escrever. Invejo-os porque olham o mundo a partir de sua luneta e ordenam as sombras, movem as nuvens para desenhar figuras inexistentes, ignoram obstáculos, fazem torções e perdem tempo... porque tentam dizer sem palavras o que apenas a palavra pode dizer. Invejo-os porque renunciam, porque são esquecidos, porque são expulsos, porque se amparam em um devir paralelo ao do mundo ou simplesmente desistem dele e nunca usam óculos.

PAPIROFLEXIA

*I'm afraid that, if I listened to silence,
I would probably become a writer again.*
Vito Acconci

I WANTED SO MUCH THE WORD AS OBJECT, THE WORD AS THING
Foi em 1966 quando Vito Acconci decidiu deixar de escrever. Havia feito mestrado em literatura na Universidade de Iowa e havia se assumido como escritor até esse momento. Pouco antes de seu abandono já havia saltado da narrativa à poesia. Obcecado por Mallarmé e Queneau, sacudido por Faulkner na adolescência e por Robbe-Grillet e Hawkes na universidade, iniciou exercícios ligados à tradição da poesia concreta porque havia de se contar coisas e escrever sobre elas. Queria tocar as palavras, usar seus vazios como o molde de uma escultura que

permitisse encurtar a distância abismal entre um homem e o que ele escreve. Chegar ao leitor, alcançá-lo; cada letra devia se levantar da folha e se desterrar para dissipar o terrível vazio que provoca o lido.

I have made my point

I make it again

It

Now you get the point.

BUT IT WAS SUCH AN URGE TO MAKE WORDS THINGS, WORDS ACTIONS Perguntava-se sobre as possibilidades espaciais da folha de papel na qual escrevia. Buscava a forma de converter uma palavra em objeto, fazê-la concreta, real, definida. Queria agarrá-la como alguém que pega as coisas necessárias para fazer o café da manhã. A poesia de Vito era sobretudo um convite ao leitor para se mover, um atentado contra a folha de papel para convertê-la em uma superfície transitável; colocava as palavras como esferas na maquete de um sistema solar: corpos descrevendo trajetórias; aí a relação com a tradição moderna de Mallarmé, para quem a folha em branco era um espaço puro, o silêncio do qual se pode partir à palavra e ao qual haverá de se regressar.

I am going from one side to the other

am

going

from

one

side

to

the

other

I GUESS I WANTED TO REALLY THROW MYSELF INTO METAPHOR, ALMOST BECOME A METAPHOR
Let's face it, once a writer, always a writer, falava constantemente, e na insistência sua voz fazia um ritmo raro com a frase, até que terminou por perder o sentido do enunciado. *The page as field,* pensava; a página, essa amplíssima paisagem que vemos ao sobrevoar fora de uma cidade nevada, cada uma de suas parcelas definidas agora por diversas tonalidades de branco. A página, uma dimensão da atividade. *Well, if I'm writing, it doesn't necessarily have to be on the page,* seguia. E é aí que havia começado a se distanciar de seus textos, nas leituras de poesia,

convertendo-as em um acontecimento – caminhava desde o fundo da sala até a frente lendo uma palavra em cada passo. Uma forma de juntar as superfícies de seu corpo, do papel e das palavras. *My poems were already performances: the page is a field over which I as writer and then you as reader, travel.* Foi essa manhã, enquanto repetia sua enrolação já convertida em grunhido, quando se olhou ao espelho: ensaiou um golpe à sua imagem, desesperado para atravessá-la como havia tentado atravessar a folha de papel com sua pluma; dançava em frente ao cristal como um boxeador esquivando-se de si mesmo. Golpeou a superfície plana de mercúrio subindo em um ringue que não era mais que seu próprio reflexo, pensando na escrita como um fracasso, retumbante como o som surdo de seu punho. Golpeou até que o espelho terminou por quebrar-se. Ficou frente à parede nua, branca e lisa, outra vez a superfície do papel (*See Through,* 1970, super 8, 5 min, cor, mudo). Seu corpo havia se convertido em um plano; a pele, como as folhas, é uma lâmina delgada de fibras sobrepostas. Seu corpo em ação tinha que se deslizar no espaço como a pluma faz nas palavras. Brigou então contra sua própria sombra projetada em uma esquina. Desenhou e escreveu com cada oscilação uma palavra de desalento no ar. Cada gancho não era mais que o revés opaco de si mesmo. O boxe de sombra, um monólogo inócuo. Vito, sem interlocutor algum, havia começado um novo projeto: escrever fora da folha de papel (*Three Relationship Studies, Shadow-Play,* 1970, super 8, 15 min, mudo).

I turn my body into a place

Não o aterrava a folha em branco, mas sim as palavras, seu interstício vazio de objetos, seu tempo desbotando, a forma em que doem no pensamento, essas crostas transparentes. Ficava louco ao pensar em todas as imagens que produzem na cabeça, em seu poder premonitório. Havia sido paralisado pela leitura. Todas as histórias, sem exceção, sucediam a ele em primeira pessoa.

Quando deixar de escrever o romance e se converter em personagem?

Quantas vezes mais resistiria a ler a última página por medo de deixar essa vida paralela que o mantinha funcionando, ainda que ausente, no mundo dos vivos?

Vito se encontrava nesta disjuntiva. Não queria planejar nem ler mais histórias, desejava profundamente que sua escrita fosse um sucesso deslocado da imaginação ao mundo real. Queria ensaiar um impacto certeiro, rasgar as crostas e observar seu corpo apressando o pensado como escrita. Seu corpo um lugar remoto, longe do escritor que costuma se diluir frente à tela e viver incerto ante a página – dificilmente considerada algo mais que um retângulo de 21 por 27 centímetros. Assim foi como Vito decidiu se converter em um quarteto silencioso no qual esquiam as palavras. Mordeu seus braços e pernas, seus antebraços, músculos, cotovelos e joelhos. Deixou a marca de seus dentes. Tingiu as marcas e estampou cada um delas em um papel (*Trademarks,* 1970, ação, impressão fotográfica e tinta).

Delinear claramente o limite ambíguo entre um personagem e quem escreve o havia separado de um mundo no qual ele sucedia para além de sua máquina de escrever. Seu corpo, uma superfície cortada, um objeto viável, uma palavra pegada à margem retumbando na folha de papel; a reflexão de um parágrafo em algumas letras. Corria sempre o risco do erro: converter-se em um personagem fictício, se escrevendo e se desescrevendo entre quatro paredes sem pluma nem papel. Preparou água com sabão em um refratário de vidro e agitou com as mãos. Manteve os olhos bem abertos. Submergiu por um momento seu rosto na mistura. Apesar da ardência, esperou sem se chatear. Piscou repetidamente até recuperar a visão. Depois tratou de colar seu punho inteiro na boca até que se cansou, até que foi impossível abri-la ou sustentar o punho fechado. Por último, parou com as costas contra a parede e amarrou seus olhos com uma venda preta. Tratou de pegar, uma por uma, cada bola de chiclete que lhe era lançada (*Adaptation Studies: 2. Soap & Eyes, 3. Hand & Mouth, I. Blindfolded Catching,* 1970, super 8, 3 min, mudo).

I USE SENTENCE-STRUCTURE TO PLOT POSSIBLE MOVEMENTS THROUGH THAT SPACE

Enquanto se afastava do mundo literário, cada um de seus

episódios cobrava sentido em um paralelo onde seus jogos eram ações conceituais e minimalistas, isto é, enfocadas na primazia da linguagem sobre a imagem e na busca de formas geométricas simples, limpas. Mas seu trabalho se situava em um patamar distinto: um escritor que fazia uso da narrativa produzindo híbridos, a profunda reflexão de um personagem isolado e solitário que cancela a superficialidade impecável e o hermetismo daquelas correntes. Seu trabalho enfrentava o cubo branco com ações que, em princípio, não tinham nenhum sentido para além do absurdo; ações semelhantes às de outros artistas da cena dos setenta em Nova York e Los Angeles: Dennis Oppenheim se pendurava pelas mãos e pés usando duas pilhas de tijolos como suporte para se converter na ponte do Brooklyn; Bruce Nauman cuspia água como uma fonte, havia terminado a escola de arte e tudo o que fazia fechado em seu estúdio se convertia em arte; Bas Jan Ader bordeava, de bicicleta, um rio bem próximo à margem até perder o equilíbrio e cair na água; e Chris Burden pediu a um amigo para que disparasse diretamente em seu braço porque a escultura é o impacto que causa uma ferramenta em um material.

Para sua primeira exposição, na Grail Ground Gallery, de Nova York, decidiu mudar cada semana o conteúdo de um quarto distinto de seu apartamento à sala de exposição, estendendo seu espaço-habitação em 80 quadras. Cada vez que necessitava de sua escova de dente, por exemplo, tinha que cruzar toda a cidade, buscar a escova na galeria, regressar ao seu banheiro, usar a escova, regressar à galeria para devolvê-la como se fosse emprestada e, finalmente, encaminhar-se à casa onde necessitaria de algum outro objeto que o poria no vai e vem de novo. Além de ser a melhor forma de perder tempo, sua ação sinalizava a diferença tácita entre encher de adjetivos e artigos uma cidade ou percorrê-la uma vez ou outra; entre pensar a página e transladar-se no contínuo. Assim como havia buscado a possibilidade de mover o leitor da margem esquerda para a direita, de cima para baixo em seus poemas, cruzou a cidade como quem cruza uma página com uma linha, repetia em um monte de orações curtas o mesmo trajeto. Não era personagem de uma novela cheia de aventuras absurdas, nem o que a escrevia com seus atos teatrais sem público e tampouco era já, estritamente, um escritor (*Room Piece,* 1970, intalação/ ação, 3 semanas).

Experimentou também com frases longas. Saía à rua e seguia uma pessoa escolhida ao acaso, caminhava até que esta entrava em um lugar que ele não tinha acesso. Cada pessoa era um caminho longo e sustenido, um enunciado que termina abruptamente em ponto e à parte. Frequentava salas de museus, se detinha a observar os quadros muito perto de outros visitantes, muito mais perto que o usual. Espreitava, como espreita os dois pontos a oração seguinte; ele mesmo era uma frase pegada à anterior e ficava aí parado até que a outra pessoa, incomodada, se retirava por completo (*Following Piece*, 1969, ação, 23 dias, horas variadas e *Proximity Piece*, 1970, 52 dias, 8 horas por dia).

FINDING A GROUND FOR MYSELF, AN ALTERNATE GROUND FOR THE PAGE GROUND I HAD AS POET
Para Vito a poesia era contundência sintética de palavras evocativas, a surpresa de um desprendimento que o invadia de tristeza e havia escolhido a performance porque não era um resultado, nem um passado aludido ou rememorado. A paisagem não é uma sugestão, mas um fato, do mesmo modo o poema é um ato, uma decisão. Como esculpido por um mar corajoso se atirou à margem e deixou que as ondas o cobrissem. Rolou para se encontrar com a água e se afastou com a ressaca enquanto o escritor que havia sido se afundava nas angústias das palavras que nunca alcançava, no espaço que só nomeia e que comove, entretanto é memória do já vivido. Esse mesmo escritor pisoteou a areia da praia até fazer um buraco suficientemente fundo para cobrir o seu corpo. *I'm digging myself into the sand* pensava, fazendo articulações entre o idioma e o sucesso. Não estava fazendo uma cova na areia e nada mais. Ele mesmo era o furo que fazia com seu corpo, seu próprio vazio, seu desaparecimento, seu ponto final (*Drifts I and II*, 1970, ação para fotografia e *Digging Piece*, 1970, super 8, 15 min, mudo).

WE WANT TO SEE WHAT HAPPENS TO A SPACE IF YOU TURN IT INSIDE OUT, IF WE STRETCH IT OR IF OR WARP IT

Segundo uma antiga tradição japonesa, uma folha de papel pode se agitar a partir de um exercício de paciência. O papel vai e volta marcando linhas, séries complexas de dobras que seriam suportes, caminhos traçados, labirintos. Passo a passo, perderá sua planície para conformar outra direção. Cada dobra, uma escrita transparente, que não se pode segurar. Ainda que seu corpo fosse a palavra na folha, bailando, lutando, se movendo, caminhando, buscando, a folha seguia intacta e o espaço de seu corpo era único e indivisível; não ficava mais que sair. Se seu corpo falava como palavra, talvez o papel poderia se converter naquilo que havia buscado.

As formas pensadas se aproveitaram de materiais reciclados configuradas primitivamente como casas-carros, barracas, assentos, bancos, paredes estendidas entre andares, túneis, conectores, pontes. Cada proposta era uma pausa no vai e vem da cidade, um lugar de descanso e espera onde o tempo se isolava, borbulhas, espaços recuperados do esquecimento da urbe. Foram desaparecendo as performances, se diluíram os espaços narrativos em complementos circunstanciais de lugar. Estas aproximações arquitetônicas não eram mais que explorações na ampla extensão da escrita; o resultado de um longo processo, um ciclo que por fim voltaria a se encontrar com seu próprio princípio: escrever, acionar o escrito, ensaiar, reflexionar, se converter em superfície, buscar espaço no corpo e fora dele, construir objetos como se fossem quartetos de um texto, escrever com a folha fora da folha como a tarefa de quem dobra o papel para fazer uma casa, de quem escreve a palavra *casa* e a imagina, de quem desenha a casa e a constrói. A folha de papel que termina por esmagar-se em cimento, a folha de papel que viaja do caderno ao cubo branco.

TELEGRAMA

Se alguém se joga de cabeça em um canal, é possível que o corpo não apareça flutuando um dia? Que não haja crianças que o encontrem brincando com uma mão, e agarrado a ela um homem inteiro? Ou é que alguém possa se desfazer no ar como uma palavra? Qual é a força capaz de nos fazer invisíveis? Que coisa cheia de espaço que deixamos vazios, do que está feito? E aonde vão dar os olhos, o pelo, as orelhas?
Ulises Carrión, De Alemanha

A palavra é uma entidade solúvel. Uma substância que sofre vários estados. Sólida quando se escreve sobre uma folha de papel: a tinta cristaliza suas formas, o enunciado seus limites e a pontuação seus intervalos. A conversação, ao contrário, é líquida: o diálogo é um manancial que se alimenta de som, flui no tempo e no espaço, de ida e volta, desde quem fala até o que escuta. A palavra é gasosa quando murmurada, quando se dissolve em expectativas distantes, quando se reconstrói de boca em boca, quando se decompõe e muda de sentido. O rumor e a fofoca são gasosos, voláteis. Como os decibéis necessários para produzir uma avalanche, é importante escolher a pessoa adequada para começar a cadeia; de resto, é só esperar o contágio.

ULISES EM AMSTERDAM A SYLVIE EM PARIS:

[...]

Ulises

Nem uma letra.

SYLVIE:

Assim, nada mais?

ULISES

De que outra forma, então?

Para 1972, Ulises havia terminado sua pós-graduação em Língua e Literatura Inglesa na Universidade de Leeds e decidiu se estabelecer em Amsterdã. A Sylvie não lhe surpreendeu que Ulises não quisera voltar ao México, mas ficou desconcertada quando este lhe disse que não apenas permaneceria em Amsterdã, indefinidamente mas que pensava deixar de escrever e ler. Recordou de *A morte de Miss O* (1966) e *De Alemanha* (1970), livros que Ulises já havia publicado; tantos anos procurando o caminho das letras e agora simplesmente desistia.

SYLVIE EM PARIS A ALISON EM BOSTON:

[...]

SYLVIE

Talvez seja só uma insolência.

ALISON

E se não?

Ulises nasceu em 1941 em um velho casarão em San Andrés, Tuxtla, Veracruz. Nessa casa, sua mãe guardava todos os recortes de jornal que o mencionaram. Thomas se lembrava de uma bonita pasta de couro com o suplemento *Estela Cultural*, no qual havia publicado "A prova", conto com o qual Ulises ganhou o concurso literário da Federação Estudantil Veracruzana. Tinha apenas 19 anos e sua vocação era muito clara. Depois de publicar seu segundo livro, um longo artigo de um jornal nacional o listou como parte da geração de jovens escritores, ele era seguido por Pitol, del Paso, Elizondo e García Ponce. Seu abandono era uma virada inesperada para todos.

ALISON EM BOSTON A THOMAS EM BOSTON:

[...]

ALISON

Isso disse Sylvie.

THOMAS

Não posso fazer nada.

ALISON

Fala com Alfred.

Para seus primeiros exercícios não literários, Ulises selecionou páginas ao acaso de alguns livros que haviam sido suas leituras habituais. Não desejava se limitar à página escrita, mas repensá-la. Traçou linhas retas com um estilógrafo fino de tinta preta entre as linhas, unia as letras de cima com as debaixo sucessivamente em uma espécie de ortografia ressonante da página (*Print & Pen,* 1970).

Os alfabetos são limitados, é a disposição das letras que produzem sentido. Escrever uma palavra é maquiar um tecido de grafias ambíguas. Ulises buscava as ordenações subterrâneas do escrito, sabia que debaixo dos textos se desenhavam estruturas, assim como as que havia em uma conversa, em uma piada, em um roteiro ou em um plano arquitetônico. Para descobri-las, se concentrou em compor uma *esquematização paródica* da poesia clássica espanhola: um sistema gráfico de versões e plágios visuais, onde a palavra se des/constrói em signo, em pontuação, em pergunta, em caixa: retângulos que rodeiam estrofes, quadrados e pirâmides sem texto que sinalizam ordenações significativas dos tipos: cada parágrafo desenha uma forma distinta, alguns se repetem em figuras geométricas idênticas, formas dentro de outra forma. O poema existe somente em seus contornos, em sua configuração espacial. (*Gráficas de poesia,* 1970).

THOMAS EM BOSTON A ALFRED EM LEEDS:

[...]

THOMAS

Entende?

ALFRED

Sim, um pouco.

THOMAS

Então?

ALFRED

Então o quê? Então nada.

Ia ao fundo dos textos porque queria voltar deles para inventar novos mecanismos. Mostrar a urdidura que conecta o mundo em uma só composição, transformar o isolamento literário, criticar o ofício que impera e limita a mensagem.

Converter a literatura em um sucesso plural desde o princípio, desde a criação. Talvez Alfred fora seu melhor e único interlocutor, pois sem ser poeta, entendeu a *deformação* que sofriam suas ideias. Diferente dos demais, entendera sua paulatina distância da escrita apesar de se internar em um espaço pouco claro, pouco visitado.

Querido Octavio,

...Eu não quero nem posso impor um conteúdo porque não sei o que querem dizer exatamente as palavras (e como saber se o leitor sabe?). Não estou seguro absolutamente de nada. O que sei sim seguramente é que as estruturas estão ali, de que as entendo como o leitor as entende, de que se movem se as toco, e de que, aí então, "emitem" [...] Isso é tudo o que peço ao leitor que, seguramente, tem muitas outras coisas que fazer além de e tão respeitáveis como ler. Não posso exigir que passe horas e dias lendo meu texto, reparando com atenção que apropriadamente escolho os adjetivos, ou com que sutileza o incidente da página 125 está antecipado na página 8...

Na outra literatura a mensagem é falsamente plural. O autor transmite uma *mensagem, e cada leitor recebe uma mensagem diferente que é, cada vez e em cada caso, uma mensagem. Em troca, as estruturas (mas insisto, postas em claro, em movimento, e em contato uma*

com as outras) não transmitem uma mensagem, mas sim qualquer mensagem. Muitas. Todas. E ao mesmo tempo nenhuma. Contém sua própria negação [...]
Ulises Carrión
22 de outubro de 1972

Querido Ulises,

...Literário ou não, todo texto possui uma estrutura... Sem elas não há texto, mas o texto não pode se reduzir à sua estrutura. Cada texto é distinto enquanto as estruturas são a mesma: não mudam ou mudam pouquíssimo... Você converte o que chama de "estruturas em movimento" em textos, ou melhor, antitextos poéticos. Textos destinados a uma empreitada única: a destruição do texto e da literatura. Você se propõe a fazer outra literatura. Todos quiseram fazer o mesmo, mas você introduz uma variante: sua literatura outra não é sua, mas sim dos outros. Reconheço nesta declaração sucessivas vanguardas de nosso tempo, de Mallarmé para cá: escrever um texto que seja todos os textos ou escrever um texto que seja a destruição de todos os textos. Dupla faz da mesma paixão pelo absoluto.

Octavio Paz
3 de abril de 1973

Nem Sylvie, nem Alison, nem Thomas estavam inteirados de que Ulises havia enviado a Octavio Paz suas *Gráficas*, que mantiveram correspondência por vários meses e que parte de seus novos poemas experimentais seriam publicados na *Plural* (nº 16, janeiro de 1973). Falso paradoxo: por um lado Ulises deixava a literatura ou parecia deserdar e, por outro, estava a ponto de publicar em uma importante revista literária. Necessitava estender os limites do sucesso literário para outras disciplinas, pensava que todas as artes pudessem se explicar com um mesmo esquema geral, a partir de uma mesma estrutura: o sucesso comunicativo. E isso, desde logo, produzia comoção entre os escritores tradicionais.

ALFRED EM LEEDS A MARTHA EM BERLIM:

[...]

MARTHA

Está indo para algum lugar?

ALFRED

Suponho.

O mesmo ano em que seu círculo de amigos recebeu a notícia de sua renúncia, começou a escrever um manifesto à maneira das desaparecidas vanguardas. Ali definiu as chaves de sua proposta para *outra* literatura. *A nova arte de fazer livros* seria publicada até 1980 sob o título *Second Thoughts:*

Um livro é uma sequência de espaços e momentos.
Um escritor, diferente da crença popular, não escreve livros.
Um escritor escreve textos.
O livro pode ser o recipiente acidental de um texto cuja estrutura é irrelevante ao livro: estes são os livros das livrarias e bibliotecas.
Na arte velha, o escritor escreve textos.
Na arte nova, o escritor faz livros.
Fazer um livro é atualizar suas sequências espaços-tempo ideais mediante a criação de sequências paralelas dos signos, sejam verbais ou outras.
Em um livro velho, todas as páginas são iguais.
Em um livro novo, as palavras podem ser diferentes em cada página, mas cada página é como tal idêntica às que a precedem e às que seguem.
O escritor da arte nova escreve muito pouco, ou não escreve.
Na arte velha, todos os livros se leem da mesma maneira.
Na arte nova, cada livro requer uma leitura diferente.
O livro mais belo e perfeito do mundo é um livro em branco, da mesma maneira que a linguagem mais completa é aquela que se encontra mais além de todas as palavras que o homem pode pronunciar.
[…]

A partir dessa declaração de princípios fundou *Other Books and So*, uma grande biblioteca de livros de artistas, seus e de outros: séries de estantes repletas de exemplares apagados ou pintados, poesias sem poemas, mapas mentais, redes, paradoxos, passeios. Livros nos quais a expressão física do objeto é coerente com o conteúdo, seja texto ou imagem: um jogo de configurações que mordem seu próprio rabo.

De algum modo, Ulises se converteu em um editor de *literatura conceitual*. Essa que apesar de acontecer em palavras, folhas ou livros, já não nos fala do mesmo modo. A literatura conceitual é um modelo curto e conciso, uma molécula de sentido. Desenvolve-se não somente no significado e sentido das palavras, mas também na ordenação espacial ligada ao campo semântico. Cimento e estrutura: forma e fundo se unem à ideia, em conceito. A ideia sucede de outra maneira na totalidade do livro, justo onde o princípio e o fim se encontram. Onde a palavra se encontra consigo mesma, onde está a ponto de evaporar seu sentido. Ulises levou a tradição da arte conceitual ao subsolo da escrita, uma literatura na qual o título tem o poder de completar a obra e a metáfora se condensa fora da insinuação porque a sucede; onde a narração ocorre na progressão do objeto e não apenas na das palavras, em um objeto preciso e fechado. Talvez por isso, para ele e para tantos outros, o vazio e o silêncio são uma perfeição inalcançável: em um ânimo de síntese e redução, de dizer mais com menos, qualquer um aspiraria à folha em branco.

MARTHA EM BERLIM A ALISON EM BOSTON:

[...]

MARTHA

Falei com ele faz pouco tempo.

ALISON

Do que se trata?

MARTHA

Não sei. Importa?

ALISON

Não sei... Sim, suponho.

Os livros que confeccionou assumindo esta nova literatura são uma mescla de retórica e minimalismo: caderno de meia carta de papel *kraft* dividido horizontalmente em dois campos. A parte inferior uma série de listras paralelas que se insinuam como imagem das palavras flutuando na parte superior: linhas/*lines*, fios/*wires*, chicotes/*whips*, macarrão/*noodles*, poesia/*poetry*. As linhas traçadas são um caminho às palvras e as palavras um caminho em direção às linhas (*Depois da poesia*, 1973); algumas mini-histórias concretas: conjugações do verbo amar em inglês. *I loved, I don't love, I'll love* em um livro papel *bond* branco meia carta, três conjugações por página. A história de qualquer pessoa pode se contar conjugando sucessivamente o verbo amar no presente, passado e futuro (*Love Stories – Conjugations*, 1973); ou uma longa conversa: a partir da conjunção &, Alfred, Thomas, Alison e Sylvie se juntam e eliminam em parágrafos contruídos com seus próprios nomes, justo como aparecem e se eliminam os personagens no travessão de uma discussão sem conteúdo, somente nomes: Sylvie & Alison; Sylvie & Alison & Thomas; Thomas & Alfred; Alfred & Martha. Martha & Alison (*Arguments*, 1973).

Nos anos subsequentes, Ulises seguiu fazendo experimentos, se aproximou do mundo literário pela porta dos fundos. Livros nos quais boxeadores brigavam através da transparência que produzem as páginas de um livro de papel manteiga (*Mirror Box*, 1979), citações absurdas extraídas de cartas pessoais (*Anonymous Quotations*, 1979), as molduras verticais de um livro carcomido (*Margins*, 1975). Seus últimos livros foram cada vez mais puros e fechados: letras agrupadas, solitárias na página: aa ab ac (*Exclusive Groups*, 1971) ou construções textuais que aludem à dedução: If A isn't true / and if AB is true / then B's truth lies in C (*Syllogisms*, 1971).

Em 1977 inventou o Sistema Internacional de Arte Correio Errático, uma oficina para enviar e receber mensagens realizadas em qualquer meio e formato. Buscava fortalecer a comunidade internacional de artistas e incitá-los a desenhar seu próprio livro inédito retomando uma ideia de Hans Werner. Enviou a cada um de seus amigos um postal com a legenda "ART IS:" Recuperou 358 respostas tanto em imagem como em texto (*Definitions of Art*, 1977).

Mas o livro e o correio não foram suficientes. Nos fotogramas Ulises encontrou as páginas dos que seriam seus últimos livros. Um vídeo é uma sequência espaço-temporal, tal como ele havia proposto que fosse o livro. A partir de 1978 tabalhou com suportes ainda mais distantes da palavra escrita, ainda que sempre conservasse seus brilhos da narrativa. Começou filmando a destruição de um livro; em um dos extremos de uma mesa, um par de mãos arrancam as páginas de um romance e, em outro, um par de mãos desdobram e desenrugam as folhas desprendidas para rearmar o exemplar (*A Book*, 1978).

Alfred em Leeds a Ulises em Amsterdam:

[...]

Alfred

Efeito dominó.

Bola de neve.

Foi quase perfeito.

Ulises

Isso acredito.

Ulises sabia que Sylvie converteria uma conversa em um acontecimento: a fofoca. O que começou como uma notícia, terminou em uma preocupação generalizada via telefone: que ele estava ficando louco, que estavam elogiando-o de maneira falsa, que eram apenas exercícios para completar seu trabalho de escritor, que não se requeria nenhum tipo de talento fazer o que ele fazia, que não estava aproveitando todo o tempo que já havia investido. Enquanto isso, e sem que os outros soubessem, Ulises desenhou a rede propagada.

O projeto consistia em lançar alguma fofoca com a ajuda de um grupo de amigos levando a um registro tão preciso como fosse possível da evolução da fofoca pela cidade e, como passo final, dar uma conferência sobre todo o processo. A conferência deveria ter um caráter formal – para contrapor a informalidade com a qual a fofoca é comumente associada. Decidi usar eu mesmo como a única matéria disposta para a fofoca, com objetivo de evitar mal-entendidos até onde dependia dos meus esforços (Gossip, Scandal & Good Manners, 1981).

Uma só busca. Entender as disciplinas como suporte para as ideias e não como universos de conhecimento diferenciado e distante. Uma imagem pode ressoar em palavras, o mesmo que as palavras constroem imagens. Para Ulises, e para muitos artistas dos 70, se trata de escolher o meio mais adequado, seja qual seja, para dizer melhor isso que se quer dizer. Risco que, em muitos dos casos, resultou falho.

A poesia de Ulises Carrión não é poema. Seus escritos são um vértice, uma interseção, a pequena estação que alguém sobe em meio a uma longuíssima viagem para traçar a seguinte rota. Seus trabalhos são uma paisagem estendida, um poema que, sem deixar de ser o signo traçado, já é outra coisa.

EQUÍVOCO

Je ne parle que de choses ratées
S. Calle

Endlessly,
I would have walk with you.
P. Auster

Ele não soube como responder. De todas as frases que havia escrito, nenhuma seria tão comprometedora. Não pude dizer-lhe que não. Mas seu *sim* para Ela era quase um *não*; um *sim* decepcionante e sem sotaque. Um *sim* produtivo, mas pouco esclarecedor.

Quando Sophie voltou para casa depois de uma viagem pelo mundo que demorou sete anos, se encontrou com um buraco.

Não tinha ideia de como viver cotidianamente. terminou por se acostumar ao seu entorno assumindo atividades não usuais, ia em busca de pegadas em um lugar que já não pertencia, queria adentrar-se nessa Paris que agora estava tão distante. Acabou por se tornar artista.

Paul havia estudado Literatura Francesa em Columbia. Foi marinheiro em um barco petroleiro que ancorou na França quando completou 24. Permaneceu em Paris por quatro anos, ainda que tenha planejado ficar apenas um. Ganhava a vida cuidando de um rancho e fazendo tradução de escritores franceses como Mallarmé e Simenon. Quando regressou a Nova York, Sophie seguia em sua longa viagem pelo mundo.

Ela desejava tornar-se personagem principal de um livro e pediu a Ele que escrevesse. Fazer o que lhe ditavam as palavras, diluir-se. Ser a incerteza capturada em uma narração. Aventurar-se a desaparecer em uma vida alheia. Flutuar sem responsabilidade, sem consequência.

Em um acampamento de verão Paul havia visto muito de perto algo que, nesse momento, entendeu pouco. Tinha 14 anos. Um amigo se arrastava sob uma cerca de arame tratando de se colocar a salvo de uma corrente elétrica no bosque. Do outro lado havia um descampado. Enquanto Paul esperava sua vez, um raio caiu direto na cerca e seu amigo foi eletrocutado. Foram somente alguns segundos que o separaram da morte. Era ainda um menino quando tomou consciência, devido à força de um evento do acaso, do momento estremecedor no qual todas as coisas podem mudar drasticamente, sem volta. Tempos depois converteu-se em escritor.

Quando Sophie era apenas adolescente viveu um tempo em Camargo. Tinha 12 anos. Seus amigos eram garotos mais velhos, de 18 a 20 anos. Era a irmãzinha postiça. Ali aprendeu a dançar e cavalgar. Durante um longo tempo foi a única mulher jóquei. A chamavam de "a cigana". A vida no campo era muito diferente da cidade, sempre em risco, agitada, perigosa, extrema. Sophie não lembra das coisas por muito tempo, mas essa temporada a mudou para sempre. Seus amigos terminaram por casar e ter filhos; fincaram raízes. Sophie seguiu em frente e se acostumou desde então a deixar as amizades a cada três ou quatro anos, a nunca permanecer por muito tempo no mesmo lugar.

Ela era uma espécie de rumor conhecido, o murmúrio de uma metáfora. Não apenas narradora de boas histórias, mas uma personagem que encarnava o silêncio da escrita, a escrita mesma. Suas peças tinham sempre uma reviravolta: um romance arrebatador, sempre autobiográfico, mas pendurado na parede.

Um dos primeiros hábitos que Sophie assumiu no seu regresso foi seguir pessoas na rua, sentia que isso daria rumo aos seus passeios. Não sabia que outro artista, Vito Acconci, havia feito e documentado isso uns anos antes. Quando quis apresentar suas peças em uma galeria, procurou-o e falou com ele. Vito lhe disse que as razões que os levaram a realizar as mesmas ações eram distintas, o mesmo com relação a seus interesses. Não teria problema.

Em uma de suas caminhadas, Sophie seguiu por um momento um homem que se perdeu na multidão. Essa noite, em uma inauguração, alguém lhe apresentou casualmente o mesmo homem. Trocou algumas palavras com Henri B, que lhe falou de sua próxima viagem a Veneza. Ante tal casualidade, Sophie soube que devia segui-lo. No dia seguinte foi à estação de trem. Tinha escassas pistas, um par de perucas e alguma maquiagem. Era a primeira vez que viajava a Veneza. *L'homme que je suis peut m'emmener où el veut, j'y vais. C'est la règle du jeu. Mais c'est moi qui l'ai choisie. Je rêve toujours de situations dans les quelles je n'aurais rien à décider (Suite vénitienne, 1979).*

Paul esteve centrado em sua poesia até 1979. A partir desse ano retomaria narrativas guardadas em sua caixa, textos aos quais nunca havia se acostumado. Buscava uma prosa transparente. Partículas desagregadas em um líquido incolor. Fazer um coloide pelo qual qualquer leitor pudesse se esquecer das palavras; segui-las até perdê-las no meio do caminho. Entrar. Ser a história que se conta.

...In the impossibility of words,

in the unspoken word

that asphyxiates,

I find myself.

Ela sentia uma estranha fraqueza pelas histórias que Ele escrevia. Enquanto o lia entendia a si mesma como um acontecimento ao acaso somado com às bifurcações de suas tramas emaranhadas. Reconhecia-se em seus personagens: sempre perdidos em uma grande cidade, solitários, sem rumo. Vítimas da contingência. Queria encontrá-lo. Buscava-o. Buscava esse fio de coincidências que um dia a colocaria frente a ele.

Mas se Ele escrevia sobre um personagem jogando-se do ponto do Brooklyn, Ela se jogaria. Se o personagem se apaixonava por ele, Ela teria que se apaixonar. Podia escrever a história que quisesse. Narrar a que seria todas. Mas era muito. Pesava sobre Ele uma responsabilidade da qual não podia dar conta.

Sophie pediu a sua mãe que contratasse um detetive para vigiá-la durante uma semana. Não saberia o dia exato que este começaria seu trabalho. Tampouco o detetive sabia que ela encomendara a investigação. Depois, pediu a um bom amigo que durante a semana em questão estivesse todos os dias fora do Palais de la Découverte às 5h da tarde e tirasse uma foto, esperando que o perseguidor aparecesse nessa mesma fotografia e assim pudesse conhecê-lo. Sophie mantinha um diário pontual de ações, hora por hora, parecido com a minuta que seria entregue à sua mãe. O dia em que foi seguida saiu de casa às 10h20 da manhã, comprou flores, foi ao cemitério e as deixou no túmulo de um desconhecido; encontrou-se com uma amiga em um café às 10h40, às 14h20 estava no Louvre, em frente ao seu quadro favorito, *Homem com luva*, de Ticiano. Passeou no jardim das Tulheiras e entrou no Palais de la Découvert entre às 16h e às 18h. À noite, às 19h, assistiu a inauguração de Gilbert e George na galeria Chantal Crousel. Saiu da exposição com um conhecido, jantou no OK bar. Regressou para a casa na madrugada, mareada. Ficou dormindo. Ao terminar cada um dos dias dessa semana, Sophie se perguntava se efetivamente haviam seguido ela, se esse homem que a perseguia pelas ruas de Paris pensaria nela no dia seguinte (*La filature*, 1981).

When things were whole, we felt confident that our words could express them. Paul havia recebido uma chamada. O número estava equivocado. Perguntaram se sua casa era uma agência de detetives. Em um de seus primeiros livros escreveria a história de um homem que, ao receber essa ligação pela terceira vez, haveria de se passar por investigador privado. *But *little by little things have broken apart, shattered, collapsed into chaos.* O sujeito a interrogatório caminhava sem rumo pela cidade de Nova York, parecia fazer um desenho de diversas letras do seu itinerário. Mas essas letras nunca se convertiam em palavras. Nem deixariam ver algo oculto. *And yet our words have remained the same. They have not adapted themselves to the new reality.* Havia um segredo inexistente, sujeito ao delírio de um desconhecido que pouco a pouco se despojava de tudo que o rodeava. *Hence every time we try to speak of what wesee, we speak falsely, distorting the very thing we are trying to represent* (*City of Glass*, 1985).

Ele não podia ditar-lhe um destino. E, em todo caso, quem era Ela? Haviam cruzado alguma vez o olhar? Daria a Ela umas poucas linhas cruzadas e assim talvez, só talvez, elegeria chegar a Ele.

Ela necessitava de sinais claros. Palavras exatas. Sem equívocos. Havia contado a história inúmeras vezes e a sabia de cor. Ele só tinha que escrevê-la, correr o risco. Saltar. Era o único que poderia escrever algo assim, o único que materializaria o silêncio de todos esses anos de saber-se sem conhecer-se.

Para Paul, um personagem se encontra sempre em um eterno périplo. Marco Stanley Fogg[1] é um rapaz que recebe de herança, de seu tio, uma enorme quantidade de livros e decide deixá-los encaixotados. As caixas serão móveis transformáveis

---

1   Personagem do livro *Palácio da lua*, de Paul Auster. (N. da T.)

em seu apartamento, um constante reflexo de sua instabilidade, uma instalação minimalista-funcional ao acaso. Como em uma viagem iniciática, irá se desfazendo, pouco a pouco, de possessões e aspirações: enquanto mais longe de si mesmo, mais fácil de encontrar-se, até habitar-se com um estranho. Trabalhará cuidando de um ancião rabugento. Passeará no Central Park e lerá para ele em voz alta os clássicos em cada tarde. Quando o velho está a ponto de morrer pede a Fogg que faça chegar alguns documentos a seu filho. Fogg parte em busca desse homem. Esse encontro planejado pelo velho significará um reencontro inesperado para Fogg: o homem em questão é o seu pai, que morrerá pouco depois. Fogg seguirá sua viagem até a praia. A travessia de Fogg é uma deriva interna na escuridão. *I had come to the end of the World, and beyond it there was nothing but air and waves, an emptiness that went clear to the shores of China. This is where I star, I said to myself, this is where my life begins* (Moon Palace, 1989).

Le lundi 16 février, je réussis, après une année de démarches et d'attente, à me faire engager comme femme de chambre pour un remplacement de trois semaines dans un hôtel vénitien: l'hôtel C.

Sophie sabia que nunca veria o rosto deles, só observava seus movimentos cotidianos. Cada hóspede, uma forma de caminhar pela cidade com um desconhecido, o brilho de um percurso interno. Sentiu que podia completar histórias de outros com poucas evidências da vida. Observava, por exemplo, mudanças mínimas na fruteira: algumas laranjas convertidas, dia a dia, em cascas atiradas na lixeira. Emitia juízos. As pessoas a que espiava também faziam uma viagem. Esses outros também escreviam em cadernos, em folhas soltas ou em papel timbrado do hotel. Caminhadas, impressões, o menu do dia, o endereço de um lugar, um postal a um amigo, qualquer coisa. Pensava que não havia forma de conceber uma viagem sem algumas palavras escritas, como se fosse uma forma de não dizer adeus. Viajar não é só se ausentar, é deixar provas da dita ausência, da mudança que sofre aquele que se move de lugar. Sophie adentrava em seu próprio trajeto juntando os rastros de uma viagem na qual ela não existia (*L'Hôtel*, 1981).

Ele escreveu, por fim, suas linhas. Cumpriu o trato. *On How to Improve Life in New York City (because she asked...)*. Levou-as a cabo, Ela teria que viajar para a sua cidade. Seu texto era claro de primeira intenção, ainda que escondesse uma mensagem implícita. Entenderia? Escutaria debaixo do ruído do conveniente um sussurro oculto?

O correio trouxe várias páginas digitadas em máquina de escrever e uma carta escrita à mão. Leu com atenção. Ele havia respondido formalmente ao seu pedido e nada mais. Não era o que esperava. Queria decifrar uma mensagem encoberta, oculta na piscadela, mas como se assegurar de algo assim, como sabê-lo. Não estava disposta a perguntar a Ele. Realizou as instruções ao pé da letra.

En 1984, le Ministère des Affaires Étrangères m'accordé une bourse d'études de trois mois au Japon. Je suis partie le 25 octobre sans savoir que cette date marquait le début d'un compte à rebours de quatre-vingt-douze tours qui allait aboutir à une rupture, banale, mais que j'ai vécue alors comme le moment le plus douloureux de ma vie. J'en ai tenu ce voyage pour responsable. Em uma tentativa de exorcismo, quando Sophie voltou do Japão em janeiro de 1985, perguntou a todos seus amigos, conhecidos e desconhecidos para averiguar qual havia sido o momento mais doloroso na vida deles. Buscava relativizar sua tristeza escutando a alheia e somente deixaria de perguntar quando a sua desaparecesse.

Cada resposta se converteu em uma história ao lado da sua, uma e outra vez. A mesma fotografia do quarto 261 de um hotel em Nova Deli onde havia planejado um reencontro que nunca aconteceu. Imagens de todas as histórias que não eram suas, um carro, uma rua: lugares onde a vida dos outros havia mudado. E sua história contada dezenas de vezes, sempre escrita de forma distinta: *Il a rompu par téléphone. Quatre répliques et moins de trois minutes pour me dire qu'il en aimait une autre. C'est tout.* Assim durante três meses. As crônicas reunidas eram muito mais sórdidas e pungentes que sua ordinária história de amor. Mas Sophie tinha que deixar ir tudo isso que já não poderia ser. Apressar o luto. Essa abrupta, unívoca e alheia decisão a havia convertido em estranha, depois de ser a mais íntima. Culpada, na solidão do abandono, a um tempo que mudou sem esperá-la, sem que estivesse pronta. A última anedota que lhe contaram era idêntica à sua. Sentiu-se redimida. Guardou o projeto por medo de uma recaída e retomou-o quinze anos depois (*Douleur exquise,* 1985-2003).

Paul soube repentinamente que seu pai havia morrido e escreve um romance que será o ensaio de uma dor. Demorará vários anos para publicá-la. Seu pai escondia um segredo terrível. Paul descobrirá o mistério em notas de jornal e documentos arquivados. Quem era então esse homem? Sua narrativa buscava um encontro. Somente a memória, esse espaço onde as coisas podem acontecer duas vezes, a linguagem, o veículo dos afetos mais abstratos; e a solidão, isolamento cujo destino último é a criatividade, poderão liberá-lo do fantasma de seu pai, um homem que havia sido um completo desconhecido. *Language is not truth. It is the way we exist in the World. Playing with words is merely to examine the way the mind functions, to mirror a particle of the world as the mind perceives it. In the same way, the world is not just the sum of the things that are in it. It is the infinitely complex network of connections among them* (*The Invention of Solitude,* 1982).

Sem dúvida estava aí o que Ele queria dizer, mas com palavras nunca se sabe. As palavras são covas. Difíceis de usá-las sem produzir mal-entendidos. As palavras são fios quilométricos, os sinais satélites que separam duas pessoas, cada uma em seu telefone. Escrever ou falar, moedas ao ar: o perigo latente de que os significados se acomodem em formas insólitas. A confusão entre estalagmites e as estalactites, água calcária a ponto de cair. Mas Ele tinha confiança. Ela entenderia. Ele acreditava que as cordas se estendiam naturalmente entre ambos, traçando uma enorme teia de sincronias. As latitudes pareciam se desvanecer, mas sua percepção não era mais que à beira de um delírio, de um desejo. Linhas paralelas, essas que avançam muito próximas, mas nunca se tocam. A carta não era um cordel, mas sim uma estria que se desenha entre os dois, um talude inesperado. Aquilo com o que longa e paulatinamente havia fantasiado, se escapava agora encosta abaixo. A imaginação é impotência. Nunca contestou.

As possibilidades se tornam opacas facilmente. Existiria somente essa metáfora que Ele não se animou a escrever. Essa metáfora que Ela não soube traduzir. Pouco importa. *O quão importante pode ser que um líquido se molde a um recipiente e que acidentalmente, caia ao chão, quebre e esparrame. Alcançar algo é chegar logo à saída e chegar à saída os deixa sem saída. Ninguém anda pelo mundo olhando-se assim, tão de perto. A única e verdadeira fatalidade é a literatura, porque não existe* no tempo real, não acontece. As palavras nos escapam sempre na memória arrependida desse dia e daquela hora, o minuto exato em que o decidir entre um sorriso ou um beijo muda por completo a trama, o enredo, o argumento. Quando os tempos não podem se corresponder, esse hoje não existe nem o ontem nem o amanhã. Ainda que todas as palavras sejam falsas, – algum dia– era hoje.

***

7 pages – including this one
3.6.94

Dear Sophie:

Well, here's something, in any case. I did it after we talked yesterday – and though it's short on details – it might inspire some interesting activities. I wanted to leave it open enough so that you could find your own way through the ideas.
I hope you're not too disappointed by the "lightness" of what I've proposed.

In any case – be well, and get in touch when you can.

Yours ever –

Paul

June 3, 1994
7 pages-including this one

Dear Sophie,

Well, here's something, in any case. I did it after we talked yesterday —and though it's short on details— it might inspire some interesting activities. I wanted to leave it open enough so that you could find your own way through the ideas.

I hope you're not too disappointed by the "lightness" of what I've proposed.

In any case — be well, and get in touch when you can.

Yours ever,

Paul

CAPICUA

Because the reality of the text and the text of the real are a long way from forming a single world.

I spent my vacation practicing immobility.
Sitting in a chair puts you into a void.
A device for thinking about writing. Three months later I'd built up enough vertigo to justify a breath of air. (I got up).
I'll never write another line, I said to the Future.
The lines in my hand will have to do.
They're already written down.
Marcel Broodthaers

— Há muitos ovos e mexilhões em sua obra, por quê? Você tem alguma recordação da infância que corresponda a um ovo?

— Os moldes, os ovos, os objetos, não tem outro conteúdo que o ar. Suas carapaças expressam forçosamente o vazio. Uma mesa repleta de ovos em toda sua superfície recorda o café da manhã, mas ao mesmo tempo cancela sua função de café da manhã. Fica o rastro de um tempo acumulado, do qual sabemos que foi um ovo, do qual sabemos que pode-se usar como mesa (*Table blanche, 1965*).

Em 1964, 23 homens e 31 mulheres escaparam da Berlim Oriental através de um túnel muito estreito cavado por baixo do Muro; em Lima, contaram 319 mortos e 500 feridos em um brusco desacordo com o árbitro de uma partida entre Peru e Argentina; um passageiro suicida do vôo 733 da Pacific Airlines matou o piloto e o copiloto para colidir com o avião na Califórnia, não houve sobreviventes; o Departamento de Segurança dos Estados Unidos declarou que nas paredes de sua Embaixada em Moscou havia mais de 40 microfones escondidos. Ainda que sua saúde fosse delicada, nesse mesmo ano, René Magritte pintou *Ceci n'est pas une pomme*, uma maçã invalidada pelo título, uma contradição mais entre a coisa e sua representação; o governo da Itália pediu ajuda a um grupo de especialistas (matemáticos, engenheiros, historiadores) para estabilizar a inclinação da Torre de Pisa; um júri branco declarou culpado Byron De La Beckwith, membro do Ku Klux Klan, pelo assassinato de Medgar Evers, defensor dos direitos civis para os afro-americanos.

Havendo anunciado sua aposentadoria definitiva, em 1964, Marcel Duchamp terminava em segredo sua última peça: *Étant donnés*, uma misteriosa porta antiga a qual ao se olhar por dois pequenos buracos se observava uma mulher jogada sobre juncos, nua e com o sexo deformado, segurando uma lamparina; ao fundo um panorama com a paisagem de uma cascata que parece se mover. Foi roubada uma valiosa coleção de pedras do American Museum of Natural History de Nova York, o *Eagle Diamond* nunca apareceu. Leyland Motor Corp., firma inglesa, anunciou a venda de 450 ônibus a Cuba, desafiando o bloqueio continental à ilha. Dezoito estudantes panamenhos foram assassinados em um pátio de um colégio secundarista ao tentar içar sua bandeira junto dos Estados Unidos, na Zona do Canal. Descobriu-se a "Síndrome do espectador", ou "Síndrome Genovese", quando 38 vizinhos do Queens não responderam aos gritos de Kitty Genovese enquanto era apunhalada. Cassius Clay venceu a Sonny Liston em Miami e foi coroado campeão dos pesos pesados; no Brasil começava uma ditadura que duraria 21 anos, após o golpe de Estado contra João Goulart. Em 7 de abril de 1964, a IBM apresentou seu primeiro modelo de computador série 360; exatamente três dias antes de Marcel Broodthaers abandonar a escrita, inaugurando sua primeira exposição na Galerie Saint-Lourent, em Bruxelas.

Fora a lenta e azarenta transformação do mundo, a fatalidade de suas desconexas relações. No estudo, na nulidade do objeto, o espaço entre dizer, fazer e contar; aí estava Broodthaers. Impossível frear a violência e o absurdo, inevitável pensar que o grande tropeço estava na palavra, em tudo o que escapa dela. Justo entre o dizer e o fazer. Esse espaço inteligível, dissonante, era o lugar no qual ele, Broodthaers, cifrava a transformação de sua escrita.

Cinquenta exemplares apareceram engessados, sustentados por meia esfera de isopor. Marcel recuperou, ainda envolvidos no celofane, alguns tomos de seu último livro de poesias, apenas publicado. O título, *Pensé bête*, conseguia se ver, mas era impossível folhear as páginas. Um gesto arbitrário e estúpido com o qual iniciou uma carreira no mundo das artes enquanto deixava para trás seu ofício de escritor. A peça está no meio do caminho entre uma estante-livreiro portátil e tabique sem acessos.

Somente destruindo a escultura é possível acessar o livro e destruir o monólito que significa voltar à literatura. Xeque-mate, escultor ou poeta, opções que se suprimem, uma à outra. Marcel era um anulador, um porteiro sustentado na diagonal que separa o significado do significante. O explorador de uma prova inexistente. Uma equação capicua que se desvanece ao colocar-se em marcha.

O bosque do entendimento ficou paralisado. *Pensé bête* era uma fratura e sua escultura-livro uma tíbia engessada, um objeto enraizado a uma base, a um bloco. As palavras uma parede intransponível; sua escrita, um muro de contenção. Marcel Broodthaers, junto com a enredada demência do mundo, converteu seu livro em um acontecimento.

A floresta avança em passo cadencioso. Sem certeza.

As florestas que se estendem vão tão longe...

Pouca esperança.

Havia nascido em Bruxelas em 1924. Na juventude, René Magritte o presenteou com *Un coup de dés jamais n'abolira le hasard*, de Mallarmé. Esse livro seria depois pretexto para uma de suas peças, cada enunciado convertido em uma tira negra, o conteúdo na forma, a insinuação de uma linha, cada enunciado um molde. As palavras escondidas debaixo, como se não dissessem nada, como se o importante fosse somente o espaço que ocupam no papel (*Un coup de dés jamais n'abolira le hasard*, 1969, 12 placas de alumínio, 32x50 cm c/u).

Nos anos anteriores à sua primeira aparição como artista, Piero Manzoni havia assinado suas costas, como a de muitos outros, para convertê-la em uma escultura – sua rubrica convertia as coisas, todas, em obra de arte. Escreveu no *Journal des Beaux-Arts Le magazine du temps présent*, tinha publicado quatro livros de poesia: *Mon livre d'ogre: suite de récits poétiques* (1957); *Minuit* (1960); *La bête noire* (1961), uma descrição do zodíaco e de vários animais domésticos com gravuras originais de Jan Sanders e *Pensé bête* (1964), números de exemplares desconhecidos, pois a maioria foi interferida com papéis coloridos, quadrados e círculos negros, azuis ou vermelhos tapando pedaços do texto. As últimas cópias se transformaram naquela escultura com a qual abriu uma divisão no rumo de seus textos: escrever sobre outros suportes. Para cada uma de suas edições para diversas tiragens, mudava papéis e a finalização. Trinta e três exemplares de seu primeiro livro com um frontispício original de Serge Vandercam, três cópias em papel da china com a marca HC, cinco em pergaminhos japoneses numerados de A até E, 25 em papel Auvergne e 150 em papel Velin. Tratava de desaparecer com o original distraindo o leitor com números e classificações absurdas. Para o segundo livro, 12 cópias foram impressas em papel alemão feito à mão com uma aquarela assinada por Serge Vandercam, numerados do I ao XII; 213 cópias em papel de linho. Cada edição uma diversidade de soluções. Recriado e com possibilidades de escolha. Para o terceiro livro, vinte cópias foram impressas em papel Arches, três ilustradas por Sanders e 17 numeradas de I a XVII; 700 cópias em papel comum.

Para Broodthaers nenhuma linguagem tinha sentido. Sua obra é um exercício de leitura, não há nada que buscar em seus estranhos objetos e assemblagens.[2] Ele havia pensado e se

---

2   A *assemblage* ou assemblagem é um conceito artístico, criado por Jean Dubuffet, no qual é defendido que todo e qualquer material

havia proposto a usar o objeto como uma palavra zero. Vazia. Oca. E, em tal caso, buscar o sentido de suas mensagens em uma jornada impossível e irracional. Não se pode pensar diante do puro vazio. Sua obra era a carta de um fugitivo que, para não ser encontrado, inventou uma forma de dizer sem dizer, ou dizer por dizer. Decifrar Marcel é traduzir a um fugitivo da lógica, se afastar do sentido comum. Se existia uma mensagem, estava escondida em uma selva retorcida de antístrofes linguísticas, mas simplesmente não a havia, não esse que o receptor está acostumado a receber. Marcel tentava negar, tanto quanto possível, o significado da palavra do mesmo modo que o da imagem. Suas cartas não tinham mensagem alguma. Broodthaers fugia do trabalho imposto de fazer sentido com as palavras e com as imagens. Não se tratava de uma comunicação dividida entre um pedaço de palavra e um pedaço de uma imagem. Não havia jogo. Não havia confissão. O cheio e o simples nada.

Ils ont dessinés

Des poutres entre les A et sur les T...

...Ils nous (ont) empêché de lire les textes,

Car Il n'y a pas une ligne qui ne les condamne

Les belles lettres

Ça bouche les jeux

pode ser incorporado a uma obra de arte, criando um novo conjunto sem que esta perca o seu sentido original. (N. da T.)

Depois de enterrar em gesso sua poesia, Marcel começou a falar em uma língua distante, cada vez mais e mais folgada. Quem acredita no acaso acredita na loucura, quem acredita o suficiente no acaso busca indícios em qualquer parte e se desapega pouco a pouco; vive saltando, concentrado nos buracos, nos espaços de nulidade que se abrem ocasionalmente entre as coisas, as ideias e a memória. Quem se submerge no acaso desacredita do consenso que assume a destruição do estabilizado como uma exceção que confirma a regra e a fixa. Broodthaers é um planeta distante cuja órbita ainda nos põe em dúvida, sua translação é reflexo de uma impossibilidade, a de sair da caixa, da estante, do arquivo.

Diversas acumulações de cascas de ovos e mexilhões sobre móveis, dentro de caçarolas e jaulas, presos com lenços circulares, dentro de maletas; uma estranha pululação do vazio infectando os objetos de uso comum. Sombreiros. Sua assinatura se desenha e se desbota em um filme de 16mm. Todo recurso como um pano cobrindo algo que não se pode ver, que ninguém viu. A pura roupa, o envoltório. E para dentro, nada.

Ninguém sabe quem inventou as palavras, nem como é que se decidem suas grafias. Vagas disponíveis. Moldes. Prismas que vemos de forma diversa dependendo da dimensão e do ponto de vista. Cada palavra tem mil caras. Não há caminho curto. A arbitrariedade de Broodthaers revela que esse mundo real, tão conhecido, é também um lugar ao qual não se chega, no qual não se está, nem se tem, nem se alcança nada.

Em cada página de um livro pequeno aparecem manchas escuras, debaixo de cada uma se leem os diversos nomes dos países do mundo. O que é de um lugar sem seu contexto, onde fica a mancha sem seu nome, o que é do nome sem seu mapa, da fronteira sem o que a circunda. O que escreve (ou desenha) intervém um espaço, o ocupa, o invade (*La conquête de l'espace. Atlas à l'usage des artistes et militaires,* 1975, 50 exemplares numerados). No cabeçalho do "Carte du monde politique" de um grande mapa-múndi, Broodthaers riscou "li" da palavra *politique* e por cima escreveu um "e". O planisfério ficou idêntico ao que foi comprado, com essa pequena correção: "Carte du monde poetique" (1968, papel, correção com tinta, 115, 5x181 cm).

O truque de Broodthaers consistia em apresentar documentos coerentes. O segredo não está no fundo do visível ou legível, mas sim na migração de seu sentido, no caos e na incongruência, aí onde vão dar as coisas com as quais não sabemos o que fazer. *My alphabet is painted.* Não era que "dissera" coisas ou que as "pintara". Se seu alfabeto estava pintado, não estava escrito e se fazia alfabeto tampouco pintava estritamente. A partir daí, a arte não é mais que um intercâmbio econômico e simbólico – como se discutiu acalorada e repetidamente nas pós-vanguardas–, então não tinha sentido dizer nada mais, somente desesperança ante a inutilidade do objeto artístico, ante a absoluta não transcendência da contemplação.

Marcel era a busca de um silêncio ambíguo, não a distancia entre o dito e o representado como o havia feito seu mestre Magritte, nem o silêncio do qual emerge um sentido fragmentado e complexo, como em Mallarmé, mas sim a negação daquilo que condena o leitor a entender algo. O único caminho para se reduzir a zero foi se deter nos resquícios, jogar com as letras e palavras, aliterações e subtrações, até que já não dissesse nada. Chegar à anulação: tropeçar nas calçadas rachadas pela força das raízes das árvores, tentar centenas de vezes antes de alcançar a chama de um isqueiro, ligar o carro até que se aqueça o motor, substituir o código de barras que a caixa registradora não pode ler porque não está incluindo, amornar o leite de um mamilo. Suprimir. Ficar entre, no meio. Esperar que os mexilhões abram sua concha dentro de uma panela com água fervente. Esvaziar o conteúdo de um ovo quente.[3] Broodthaers tratou de se estabelecer nesse espaço que se evapora antes de conseguir que seja real.

    Cancelar sua poesia foi uma forma de se desbotar, o mesmo que recortar pedaços de papel colorido e ir colando-os em seus textos para que não pudessem ser lidos. Aí estava a palavra, o escrito, o pintado; ainda que fosse inteligível. A obra de Marcel é um exercício de não leitura, assumindo que as palavras estão acima das coisas, o mesmo que as imagens, e que não há forma alguma de que sejam reais. Aceitamos o mundo como

3   No original *huevo pasado por agua*, que se refere ao ovo cozido ligeiramente (com casca) e é servido mole, sem cozinhar por completo. (N. da T.)

admitimos o sentimentos mais abstratos, que sempre *são*, mas não *estão*. A mensagem de Broodthaers dissociado de partes irreconhecíveis, correndo o risco de esfumaçar-se. Ancorado em sua própria efervescência terminará sempre por desaparecer.

Em 1968, Marcel apresentou o que seria seu maior projeto. Fazer uma exposição que fosse uma exposição. Tautologia. Inaugurou em seu estúdio o *Musée d'art Moderne, Département des Aigles*. A obra consistia unicamente em caixas de embalagem para obra de museu. Somente os conteúdos. O restante ficava entredito. Não se tratava de desenhar nem imaginar o carneiro do *Pequeno Príncipe* dentro de cada caixa, mas sim da simples insinuação do vazio. Um vazio no significado social da obra de arte. Vazio de linguagem, nomeia arbitrariamente e cava a imagem que, de todas as formas, é sempre uma re-presentação. Vazias as caixas que não contém nada.

193. Ceci n'est pas um objet d'art, centenas de números com a frase impressa, catalogando centenas de objetos antigos dentro da vitrine do museu. *82. This is not a work of art*. A substância no paradoxo de Magritte. *A.k. Dies ist kein Kunstwerk*. Os objetos são o que uma etiqueta dizem que são, ainda que nunca estejamos seguros que sejam realmente. Isto não é uma obra de arte (*Sections des figures*, 1972).

O burocrata de nada terminou seus dias em Colônia. O arquivo do mundo o havia cansado. Broodthaers, o que nega o que nomeia. O que escapa e cancela. O que contrapõe as funções e as anula. Esse que não tinha nada que dizer morreu em 28 de janeiro de 1976.

ONOMATOPEIA

Since inviting about a hundred dogs to
my home for a two-week course
in lyric poetry some time ago, I have gone over to
writing worlets (words, letters).
Öyvind Fahlström

  A linguagem é uma cumplicidade que assumimos demasiado cedo. Acontece através do diálogo. Ou, talvez, o diálogo é nossa primeira cumplicidade com a linguagem. Muito ao princípio, essa conversa não se inicia com as palavras dos dicionários; quando é oral o que se escuta é ambíguo e, quando é escrita, nem todo mundo pode decifrar sua indeterminação. O diálogo é o rastro que o gesto ou a palavra desenham entre duas pessoas.

Na infância e na pré-adolescência experimentamos a noção de linguagem, talvez sem ser de todo consciente, pela convivência. A amizade é uma teimosia que inaugura a correspondência entre iguais. Um amigo é um seguidor no árduo caminho para entender o mundo, para advertir que nosso corpo ocupa literalmente um espaço sobre a terra, um espaço iludível que não se pode supor a outro: onde estou não há mais ninguém; lição rápida e dolorosa sobre o desamparo, a perspectiva e a relatividade na qual se agradece ter um colega por perto. Como um irmão, um amigo não é quem está vivendo sempre exatamente o mesmo que nós no mesmo instante, mas sim o que, mais além de coincidir, está qualificado para decifrar, em nosso ineficaz vocabulário, em nossos zumbidos, lamentos e choramingos, o que queremos dizer. É com quem inventamos o silabário de nossa personalidade.

Entre as meninas a primeira cumplicidade consiste, por exemplo, em traduzir todas as letras do alfabeto em novos signos. Uma tarde, depois das aulas, condensa-se um novo abecedário escrito em um pequeno papel dobrado que permanecerá entre lápis e canetas até ser aprendido por completo. O abecê só pode existir dentro das duas cabeças que o criaram. Utilizando destes criptogramas será possível conversar, dar recados em aula, dizer o que ninguém mais deve saber, contar o que aconteceu na tarde anterior, criticar, planejar o descanso, etc. A professora nunca saberá, caso descubra o secreto intercâmbio na sala de aula, o que dizem as mensagens? Se enfrentará com uma série de antigos hieróglifos impossíveis de paleografar. Entre os meninos, essa primeira cumplicidade acontece no pátio, quando é necessário inventar sinais que simplifiquem o entendimento de uma estratégia a seguir. Na maioria das vezes nem sequer é necessário inventá-las, acontecem na prática, naturalmente. Olhares, assobios, apelidos, ruídos, gritos... Qualquer coisa é digna de se converter em linguagem dos meninos, esse que, ainda que não seja incompreensível, soa como uma língua distante. Sua beleza está no que não foi aprendido na escola, é uma primeira aplicação orgânica da necessidade de se relacionar com os outros, essa inevitável necessidade de ser ouvido, de fazer com que esse lugar único de um corpo sobre o chão ressoe metros mais distantes, para tocar com ondas invisíveis esse outro que também luta contra as forças gravitacionais.

Visto à distância, um grupo de meninos jogando futebol é um bando de pássaros que desenha zigue-zagues no céu. Pássaros que se comunicam sem dizer nada. Correm de um lado para outro, se olham, fazem suas pausas, abrem os braços, gesticulam, saltam, derrapam. Tem a paisagem dominada, estão perto de conseguir o que buscaram durante toda a partida. Talvez as equipes ruins de futebol se compõem de jogadores que nunca experimentaram na infância a noção de comunidade, de movimento conjunto, de energia somada, de diálogo silencioso, de sinergia, de pássaros em bando.

A coruja pia. Dentro, muito dentro de um bosque não tão distante, Öyvind Fahlström montou um acampamento de uma semana. A cigarra canta. Aí começaram seus trabalhos de intérprete. O pombo arrulha. Desordenamente, em um grande caderno de folhas brancas se dedicou a escrever, a transcrever todos os ruídos que o rodeavam. A andorinha trissa. Não existem palavras tão exatas como as que reproduzem o som que os animais emitem. A gaviota grasna. Há longas classificações para nomeá-los, para se aproximar deles, de suas misteriosas línguas, cantos e rechiados. O grilo crila. Fahlström se propunha a listar palavras de um novo idioma. Alguma vez havia gorjeado absurdamente entre onze meninos. Sabia que a conversa é uma bola flutuando de um lado ao outro em um campo, porque ele havia sido um desses pequenos pássaros correndo atrás dela. Havia tratado de *dizer* como qualquer outro, – dizer no sentido estrito de pronunciar, de fazer som, de fazer-se escutar. Não valia a pena enterrar a palavra em suas grafias, não sem uma voz que as articulasse.

layr(sp)eengtchurry. tchurry...ahl(o)'gron(k)
(t)rrambeo   towchurry
frr(up)yor. trrwhoo
titsh(oup).

(*Birdo*, 1962)

Fahlström deixou de escrever poesias para páginas de livros por volta da metade dos anos cinquenta, preferiu buscar versões acústicas da escrita. *Birdo, Whammo e Faglo* foram o resultado daquela viagem ao campo. *Whammo*, uma compilação de expressões usadas nas histórias em quadrinho. *Birdo* e *Faglo* decifraram os cantos das aves. Uma minuciosa compilação de línguas-monstras em várias páginas repletas de letras sobre letras. Palavras desconhecidas trançadas em categorias cuja pronunciação exige que o leitor improvise, que faça um esforço para mimetizar o ruído, vocalizar o ser pássaro. Quantos dias têm que passar para esquecer as palavras conhecidas e ser mais um, uma ave mais, uma que escuta e não canta, que escreve e não voa, que espera paciente, que reproduz? *Titsh (oup).*

Para perceber a realidade fazemos uma tradução. E a tradução é um sistema específico que funciona se suas regras são seguidas ao pé da letra, em cada caso. O problema, na realidade, é como estipular essas regras. A onomatopeia é uma tradução, a estampa de um som. Em um diálogo, o exercício de tradução que faz cada parte em busca do entendimento, passa da palavra ao tom e do tom ao gesto. Nos meninos começa no tom, vai para o gesto e termina na palavra. Muito se perde no intercâmbio. Conhecer bem uma pessoa nos permite ler com maior facilidade seus trejeitos, pois correspondem a uma classificação que fizemos durante anos, uma longa lista de seus sons e caretas, de suas onomatopeias particulares; essas que nos permitem matizar o que nos dizem, observar o rumo que tomaram seus pensamentos ao se dirigir a nós.

splash. snack. spang. scratch
tap. (ta)tarra. twang
glug. glur. glurg. gulp. glup. blup.

(*Whammo*, 1962)

Lewis Carroll deve ter sido um dos primeiros a fazer a escrita sem sentido. Nas páginas de *Alice através do espelho,* escrito em 1872, há um poema curto, *Jabberwocky*: "*Twas brillig, and the slithy toves / Did gyre and gimble in the wabe; / All mimsy were the borogoves, / And the mome raths outgrabe*". Nele as palavras são fusões que, todavia mantém uma ligação com o idioma, mas se afastam o suficiente para parecer uma invenção que carece de significado. Esse tipo de palavra-fusão se parece com os acrônimos, vocábulos que se formam ao unir partes de duas palavras – *emoticon (emotion + icon)* –, ou as siglas que podem ser lidas como palavras – Objeto voador não identificado, OVNI. Vários anos depois, em 1939, James Joyce escreveu *Finnegans Wake* com um inglês deformado que inclui palavras em dezenas de idioma. O texto é inteligível, tão difícil de interpretar como os sonhos. Mas duas décadas antes, em 1919, um primeiro rascunho de Vicente Huidobro fez gritar a *Altazor*. Depois de atravessar o mundo em uma longa e

reflexiva viagem, no sétimo canto o paraquedas trará o desespero
e o alarido deglutido pelo ar, a crônica de uma queda livre:

> *Olamina olasica lalilá*
> *Isonauta*
> *Olandera uruaro*
> *Ia ia campanuso compasedo*
> *Tralalá*
> *Aí ai mareciente y eternauta*
>
> *Redontella tallerendo lucenario*
> *Ia ia*
> *Laribamba*
> *Larimbambamplanerella*
> *Laribambamositerella*
> *Leiramombaririlanla*
>   *lirilam*
>
> *Ai i a*
> *Temporía*
> *Ai ai aia*
> *Ululayu*
>   *lulayu*
>   *layu yu*
> *Ululayu*
>   *ulayu*
>   *ayu yu (…)*

Por que ninguém escreveu poesia em um idioma inventado, sem referência a nenhum outro? Por que não há romances escritos em língua que ninguém conheça? Fahlström não deixou de escrever, encheu suas páginas com um idioma cuja lógica é a ressonância, inclusive em sua ordenação visual. Quais são as letras exatas para se reproduzir um som? *Tweet*. Teatro e poesia estariam escritos, no futuro, com algum de seus falsos dialetos. Um jargão sonoro para condensar o sentido em algumas letras, que não significam, soam; que dizem como se pronuciam essas coisas que não se dizem porque não tem palavras. O ruído as torna concretas, ancora sua volatilidade. Sem guia, sem papel dobrado dentro do estojo de lápis, puro som que se desenha em uma série de caracteres. Mas nunca se animou a inventar seus próprios signos e pictogramas. Escreveu palavras impenetráveis com um alfabeto conhecido. Porque ainda quando dinamitava a linguagem comum e corrente, ainda nesse extremo do hermetismo queria ser lido, queria que houvesse tímpanos para seus ruídos, para o desafinado, a cacofonia e a desarmonia. Ouvidos para o desacordo.

Fahlström nasceu no Brasil em 1928 e foi enviado para a Suécia no verão de 1939 para visitar seus avós. A Segunda Guerra Mundial começou justamente algumas semanas depois da sua chegada e foi impossível para ele regressar à casa; realizou o resto de seus estudos em um internato para meninos estrangeiros em Estocolmo. Voltou a ver seus pais em 1948, mesmo ano em que foi obrigado a escolher uma nacionalidade, pois tinha idade para ir ao exército. Desistiu do Brasil e se converteu em sueco.

Apesar de sua decidida renúncia, as perguntas que se fez sobre línguas imaginárias, seu trabalho de tradutor do campo e sua obstinação com o som pareciam um impulso inconsciente que vinha desse lugar no qual ele havia vivido até os dez anos. Nos cinquenta, pouco antes de suas transcrições animais, estourou no Brasil a poesia concreta. Haroldo e Augusto de Campos, junto com Décio Pignatari, buscavam uma poesia visual e espacial, além de rítmica e sonora, inspirados, por suposto, no trabalho de Mallarmé e Apollinaire. Tal foi sua proximidade que escreveu seu próprio manifesto para a poesia concreta. Propôs a unidade de um poema para além da rima e do ritmo. Utilizar o espaço da página, alcançar a cadência do vazio. Fazer interagir palavras simples e complexas, pesadas e ligeiras, vacilantes e tranquilas, onomatopéicas e simbólicas. Buscar a coerência da linguagem das crianças ou dos doentes mentais para abolir a contradição. Ressignificar as correspondências de letras como em anagramas, escrever palavras comuns em contextos estranhos ou esquisitos para minar a certeza do leitor, fazer maior o buraco entre a palavra e seu significado.

A par dessa anarquia literária, Fahlström desenhava, pintava, recortava pedaços de quadrinhos para cimentar enormes mapas, universos gráficos, mapas com novas disposições para Europa e Ásia, a nova forma do Chile ou um mapa do mundo explicado por trocas econômicas. Construía em terceira dimensão signos e figuras de tirinhas, cubos para se sentar e reordenar histórias, acontecimentos soltos. Fazia *happenings* e teatro de rua; convidava os pedestres do East Village para jogar como fichas em um Monopoly de tamanho natural. Ainda que nenhum de seus cosmos pareça ter conexão com o outro, o som sobrevive aos suportes. A obra de Fahlström deve se escutar. Cada peça é uma partitura do mesmo modo que suas palavras desconhecidas são uma instalação ou um mapa.

É somente o som o que levanta um partitura do seu crítico silêncio para se dirigir à confusão da polifonia: uma infinidade de pássaros cantando ao mesmo tempo a partir das jaulas de um pátio ao fundo, um arsenal de balas entre os bandos da Guerra Fria, um monte de meninas conversando no recreio.

Alfonso Reyes cunhou o termo *jitanjáfora* em 1942. *Jitanjáfora* é o valor poético concentrado no som, nas características fônicas de uma palavra que poderia inventar um menino ao tratar de se comunicar com um adulto. Composições que carecem de significado, palavras que não nos dizem nada, mas *dizem* de todas as formas. O som, como as demais expressões da linguagem, cobra sentido em relação ao seu contexto só se está dirigido, só se sabemos qual é o objetivo de um pequeno por nos dizer algo, só se temos as ferramentas para decifrá-los, o entendemos. Nas crianças e nos loucos existe esse estranho e flexível músculo do acrônimo. Quase todos deixamos de exercitá-lo na juventude ainda que seguramente se tonifica diante do balbuciar de um bebê; os filhos sempre inventam palavras das quais os pais se sentem orgulhosos. Há também quem nunca deixa de praticá-los e brigam com eles para nos fazer rir ou para escrever poemas.

Entre as meninas, o recreio é um espaço de comunicação, o descobrimento da confraria. As meninas inventaram, faz muito tempo, um desses tempos difíceis de determinar, o único dialeto acrônimo que foi conservado por gerações, uma brincalhona *jitanjáfora*, um idioma rupestre para os desinformados: a língua do efe ou do pê (no cone sul). Em 1976, uma operação exploratória revelou metástase no fígado. Fahlström morre em novembro desse mesmo ano em Estocolmo. Não deixou nunca de ser um menino assombrado pela estridência do campo e tofodofos ofos mefenifinos sãfão bifilifingufuefes.[4]

---

4 No *original tofodofos lofos nifiñofos sofon bifilifingufuefes*. "Todos los niños son bilingues" escrito na língua do efe. Em português: Todos os meninos são bilingues.

AMBIGRAMA

Tenho o nome de um romance infantil que já não se imprime. *Verónica; Ânimo Verónica; Verónica ao leme e Verónica, estrela de cinema?* são os títulos da série. Suzanne Pairault, escritora francesa que nem sequer figura na internet,[5] é a autora. Ao que parece, foram editados em espanhol, nos anos sessenta, pela editora argentina Kapelusz, dentro da coleção Iridium. Verónica, a menina órfã de caracóis ruivos que vai enfrentando as terríveis dificuldades da vida, cativou a minha mãe a tal ponto que, desde muito pequena, soube que nome teria sua filha.

Viajei à Argentina em 2001. Um dos propósitos era encontrar aqueles livros que me deram o nome. Necessitava

---

5   Atualmente a autora Suzanne Pairault já está na internet, com uma biografia em francês e informações sobre alguns de seus livros. (N. da T.)

saber o que havia nessa personagem, assim andei, com meu irmão, em todos os sebos de Córdoba e da avenida Corrientes em Buenos Aires. Poucos dias antes da data de regresso e próximo a abandonar o projeto devido ao cansaço, encontramos um exemplar de *Verónica ao leme*. Tinha-o por fim entre minhas mãos e ainda assim posterguei a leitura para quando estivesse de volta ao México. Não contava que minha mãe utilizaria de alguma artimanha para esconder o livro onde eu não pudesse encontrá-lo. Passaram muitos anos antes que ela se distraísse, o esquecesse em sua cabeceira e eu o colocasse como contrabando na minha mochila. Terminei de lê-lo faz alguns dias. É horrível. Está escrito com uma moralidade enjoativa e uma pieguice pegajosa. Por mais estranho que pareça, há vezes que devemos dar atenção aos nossos pais. Ela o escondeu para que eu não me decepcionasse, suponho, e eu insisti em lê-lo em uma idade já não apropriada. A experiência foi desalentadora, mas, todavia pude ostentar com orgulho o significado original de meu nome.

 Segundo a tradição católica, na qual minha mãe cresceu e se formou, Verónica se aproximou de Jesus Cristo em algum ponto da via-crúcis para limpar-Lhe o rosto de sangue e suor com o seu pano; no pano ficaram milagrosamente impressas as feições do Filho de Deus. Verónica significa verdadeira imagem: Vero, vera, verdade; ica, ico, ícone. Ainda que alguns filósofos demonstrassem um erro na interpretação das etimologias, prefiro não dar-lhes importância. Um mito inteiro se sustenta nesse erro, um mito com o qual consegui me identificar.

Há duas formas pelas quais interpreto o milagre de Verónica, na realidade duas perspectivas do mesmo. A primeira é que se trata do início da fotografia: uma imagem da realidade consegue ser impressa em um material graças à química, à alquimia ou à fé. A outra: o pano de Verónica é um espelho. Tanto as fotografias como os espelhos reproduzem imagens graças a uma emulsão de prata que recobre o papel ou o vidro respectivamente. Verónica captura a última imagem que Cristo vê de si mesmo e também fica com ela para a posteridade.

Olhar-se no espelho é uma prática parecida com a busca do nome. Nossas feições delimitam as singularidades com as quais temos um apelativo comum a milhões de pessoas. O espelho é o único lugar onde rosto e corpo se projetam como parte do mundo em um paralelo; o que há do outro lado é uma espécie de projeção astral, uma versão invertida de nós. O espelho, desde o primeiro metal polido, produz confrontos e, portanto, é uma ferramenta de conhecimento.

Quando estou perto de um espelho sempre encontro algo fora do lugar que faz com que eu me sinta insegura, por isso tento evitá-los. Somente após beber algumas taças sou capaz de conversar com essa imagem e buscar apoio nela. Há dias, os piores do ano, em que reviso infinitas vezes como me vejo, se meu penteado está bom, se desapareceu aquela espinha. Não posso deixar de pensar nessa imagem inacessível que emito. Impõe-me excessivamente, e ainda que não consiga me sentir cômoda, vou muitas vezes a seu encontro. Em troca, descobri que meu *roommate* passa longos minutos em frente ao espelho, depois de tomar banho, ao despertar ou antes de ir dormir, fazendo milhões de caras, gesticulando como se quisesse parecer momentaneamente outra pessoa. Surpreendi-o inclusive às três da manhã estudando seus movimentos e músculos como se fosse um ator entrando no personagem. Nunca se sente envergonhado ou interrompido e tudo que aprende frente ao espelho o pratica depois nas reuniões. Não posso mais que invejá-lo, não somente porque passa muitos minutos ali tranquilo com sua imagem, mas porque se diverte, faz rir os demais e não necessita chegar a um estado etílico lamentável para conversar consigo mesmo. O que ele faz é se olhar na imagem perturbadora do espelho. Exagera as possibilidades de parecer ao contrário, diferente e, ao menos por um tempo, é outro e não essa imagem perseguidora que costuma espreitar a consciência.

    Além de amblíope, sou canhota. Inclusive me caracteriza uma total lateralidade esquerda: vejo quase exclusivamente com a vista esquerda, escrevo com a canhota e chuto ao gol com a perna esquerda. Há quatro fotografias nos álbuns de família que apareço comendo bolo de chocolate com a mão direita. Minha mãe costuma utilizá-las para mostrar aos convidados que sou uma impostora; mas a cobertura espalhada em toda cara sem que se tratasse de meu aniversário é prova suficiente de meu tropeço com a direita.

Gosto de pensar que um canhoto é, de alguma forma, um emissário ou correspondente do mundo ao revés. Mas não me simpatizam as estatísticas casuais: são canhotos aqueles que provêm de nascimentos múltiplos ou grupos com problemas neurológicos como epilepsia, autismo, síndrome de Down ou dislexia. Nem que a expectativa de vida de um canhoto seja entre nove e quatro anos menor do que a de um destro (ao que parece há altas probabilidades de sofrer um acidente mortal com objetos do mundo destro). Tampouco saber que o gene do canhoto – $LRRTM_1$ – é o mesmo que se apresenta nos esquizofrênicos. E me sinto agredida quando alguém diz "me levantei com o pé esquerdo", pois acredito que estou destinada ao azar. Ao menos ser canhota explica porque não aprendi a amarrar bem os cadarços e que eu tenha reprovado em datilografia quatro anos consecutivos. Desgraçadamente, minha estupidez para os esportes não se explica com esse argumento (um dos poucos âmbitos em que ser canhoto significaria uma vantagem).

Alguns estudos científicos determinam que o hemisfério direito é o dominante nos canhotos. Este controla a expressão emocional, a imaginação, a consciência de espaço, a dimensão a criatividade, o *whole picture* da terapia Gestalt. O pensamento é integral, holístico. E com o hemisfério esquerdo o pensamento é mais linear, e por isso aí se encontram as habilidades científicas, a lógica, a linguagem e a escrita.

Mas, além disso, ao que parece, estou cerebralmente excluída do mundo das letras, as imagens *whole picture* explicam de forma bastante certeira a sensação de ser canhoto. Nelas o fundo e a forma limitam outra figura além das aparentes; isto é, acontecem em um espaço limítrofe: uma velha de perfil é uma mulher jovem, dois perfis frente a frente são a silhueta de uma taça ou a mancha Rorschach – que são simetricamente idênticas a partir de um eixo –, para mencionar as mais conhecidas. Esse fenômeno também ocorre na tipografia de uma palavra. Os ambigramas são palavras escritas ou desenhadas que admitem ao menos duas leituras. Na maioria das vezes a segunda aparece girando em 180° a palavras, outras, se consegue a partir da simetria horizontal ou vertical. O ambigrama contém sua imagem em espelho sem necessidade de intermediário do mesmo modo que a esquizofrenia admite amigos que ninguém mais pode ver. A palavra é em si mesma um duplo e a grafia acontece em um espaço inteiramente instável.

Leonardo Da Vinci praticava com facilidade a escritura especular, isto é, escrevia em espelhos, o passo anterior ao ambigrama. Ao que parece, para ele era simples, pois era canhoto. Parte de seu objetivo teve a ver com a necessidade de criptografar todos os seus manuscritos e dificultar sua leitura para aqueles que se pronunciavam contra as suas ideias. Ou talvez fosse muito neurótico e odiasse borrar a tinta na folha e preferia escrever da direita para esquerda, para que isso não acontecesse. Mas talvez também buscava alterar e transformar o significado ou, melhor ainda, era uma decisão estética que aperfeiçoou o sentido de seus textos: escrever de tal forma que somente poderia ser lido a partir de outro lugar, de outro plano de simetria.

Por razões que ignoro, quando aprendemos escrever os números no jardim de infância, eu também praticava a escrita especular com o cinco, mas de forma inconsciente. Nenhum outro número, apenas o cinco: o que está no meio da conta até dez, o que é uma qualidade reprobatória. A professora, em seu pedagógico proceder, decidiu me deixar uma linha de cincos bem escritos como guia em meu caderno quadriculado de caligrafia. Voltei no dia seguinte com muitas cópias, mas não foi a repetição até o cansaço, mas sim a vergonha que terminou endireitando o número. Meus companheiros de classe me zoaram quando a professora exclamou: fizestes toda a tarefa ao contrário!

A crença de que todos os canhotos tendem a ser teimosos e perversos alcançou seu ponto mais alto entre os criminologistas do século XIX. Cesare Lombroso estava convencido de que encontraria nas prisões uma proporção maior de canhotos do que na população em geral. Para ele, ser canhoto era marca de degeneração criminal inata. Não existem evidências científicas que comprovem isso. O certo é que se fosse um estudo científico, *Mudança* recolheria provas de uma irrefutável propensão ao absurdo. Todas as peças reunidas nos ensaios têm por objetivo dar as costas para a literatura para se reencontrar com ela como se fosse a primeira vez, somente ao transladá-la ao vê-la deste outro lugar é que podemos nos surpreender com simplicidade e nos mostrar suas amarras.

Sempre me perguntei se a palavra absurdo poderia ser associada a *zurdera*. *Ab-(z)urdo*.[6] Graças às declarações de Lombroso encontrei uma janela possível. O perverso é aquele que corrompe (com maldade) o estado habitual das coisas, isto é, o oposto à razão. E poderia se dizer que o oposto à razão guarda correspondência com o que não tem sentido, com o extravagante e irregular, o arbitrário e disparatado.

Compartilho com os personagens desse livro a necessidade do absurdo e estou convencida que minha condição de ser canhota, amblíope e chamar-me Verónica foi passaporte com visto ao mundo do outro lado do espelho. Realizei minha própria viagem iniciática em um lugar invertido e ao voltar tentei reconstruí-lo nestas páginas, como se trata de um ambigrama literário. No caminho me encontrei, como Alice, com indivíduos quase irreais, verdadeiros amblíopes e canhotos, que no melhor dos casos deveriam ser minha linhagem nesse outro país. A Rainha Vermelha – especialista em papiroflexia – me explicou as regras do jogo dobrando as folhas

---

6   Em espanhol *zurdera é* referente a canhoto (zurdo). Aqui a autora faz um trocadilho com absurdo e ab-zurdo, ligando absurdo a canhoto. Foi mantido o original para não se perder o jogo fonético estabelecido pela autora e possibilitado pelos nomes em espanhol. (N. da T.)

de papel. O guarda do trem me pediu um bilhete que nunca soube onde deveria comprar e se aproximou sussurrando um telegrama que não era certo: *You're traveling the wrong way*. Tweedledum e Tweedledee bifurcaram meu caminho em um só: aprendi que ao confrontar um equívoco irresolúvel é necessária uma armadura, sobretudo quando há uma só espada para empunhar. Tentei decifrar a confusão da Rainha Branca, cuja memória funciona em capicua, para trás. E cheguei a Humpty Dumpty, quem, apesar de me confundir, decifrou algumas palavras e onomatopeias que nunca antes havia escutado. Não consegui converter-me em rainha, não ganhei nenhuma partida de xadrez e tampouco creio haver acordado de um sonho, mas tenho a sensação de ter voltado a ser criança por alguns instantes. Regressei ao assombro e entendi tudo outra vez do zero, exatamente como em cada aventura junto ao meu melhor amigo da infância.

Viajar atrás de um indício falido, como o nome de um livro; descobri nos outros um espelho próprio; nos obstinar em algumas convicções vãs; aprender a lidar com as impossibilidades que nos determinam, a telenovela familiar e a ideia que temos de nós mesmos é uma espécie de épica compartilhada por qualquer um. Um livro, acredito, é produto de uma série de dúvidas pessoais que produzem essa épica. Neste caso, a minha está quitada apenas em parte. A nece(ssi)dade do movimento me levou a fazer minha própria mudança, inclusive a pensar-me como em constante mudança. No translado encontrei em cada imagem o limite que separa o mundo do seu reverso – esse que se torna transparente e termina por se esburacar –, mas ainda que a escrita tenha apostado por um sistema que tentou se colocar ao limite em cada ensaio, também deveu ser completamente amblíope ou ambigramática, isto é, páginas escritas no verso, a partir de e para outro lado. Uma decisão assim haveria tornado *Mudança* um manuscrito completamente inacessível. E esse é o paradoxo que me perseguirá eternamente.

Diagrama de Gerber

por Barbara Belloc

5

Ambliopia

13

Papiroflexia

23

Telegrama

35

Equívoco

51

Capicua

65

Onomatopeia

77

Ambigrama

89

Verónica Gerber Bicecci nasceu no México, capital, em 1981. Define-se como uma artista visual que escreve. Faz peças que são textos e textos que são peças. Seus projetos exploram o rastro infinitesimal que deixam as coisas sem dizer e as que não se podem ver. Seu livro Mudanza (2010, Ed. Auieo – Taller Ditoria) narra a transformação de cinco escritores em artistas visuais. Expôs individual e coletivamente no Museu da Cidade do México, Casa Vecina, Museu Experimental el Eco e no Centro Cultural da Espanha, entre outros. É licenciada em Artes Plásticas pela ENPEG, a Esmeralda, e mestre em História da Arte pela UNAM. É editora na cooperativa Tumbona ediciones, e publicou ensaios, artigos e resenhas em revistas como Letras Libres, Make, Luvina, Casa del tiempo, Tierra Adentro e a Revista de la Universidad. Em novembro de 2013 recebeu o III Prêmio Internacional de Literatura Aura Estrada.